审计风格的影响因素和经济后果研究

宋云玲　著

中国财经出版传媒集团
中国财政经济出版社

图书在版编目（CIP）数据

审计风格的影响因素和经济后果研究/宋云玲著．
--北京：中国财政经济出版社，2020．10
ISBN 978－7－5095－9898－6

Ⅰ．①审…　Ⅱ．①宋…　Ⅲ．①审计－研究　Ⅳ．
①F239

中国版本图书馆CIP数据核字（2020）第120834号

责任编辑：张若丹　　责任校对：张　凡
责任印制：党　辉　　封面设计：秦聪聪

中国财政经济出版社 出版
URL：http：//www.cfeph.cn
E－mail：cfeph@cfemg.cn

社址：北京市海淀区阜成路甲28号　邮政编码：100142
营销中心电话：010－88191522
天猫网店：中国财政经济出版社旗舰店
网址：https：//zgczjjcbs.tmall.com
北京财经印刷厂印刷　各地新华书店经销
成品尺寸：147mm×210mm　32开　5.5印张　137 000字
2020年12月第1版　2020年12月北京第1次印刷
定价：22.00元
ISBN 978－7－5095－9898－6
（图书出现印装问题，本社负责调换，电话：010－88190548）
本社图书质量投诉电话：010－88190744
打击盗版举报热线：010－88191661　QQ：2242791300

前言

2016年，笔者与北京外国语大学国际商学院的宋衍蘅老师开始合作研究审计风格。我们首先探讨的是空气质量差异是否影响审计风格，这一研究成果经过几番修改，最终在2019年发表于*China Journal of Accounting Studies*。另一篇研究成果是关于检验会计师事务所合并对审计风格影响的文章，该文在2017年底发表于《审计研究》。依托第二篇论文的研究积累，笔者在2017年成功获得国家自然科学基金的资助。至此，笔者的研究领域从业绩预告拓展至审计，实现了博士毕业后研究兴趣的第一次重大转变。

“做大做强”是现阶段我国会计师事务所的主要发展路径。会计师事务所的合并被视为“做大”的捷径，现有的政策导向也加剧了会计师事务所的合并整合。但是，是否“做大”就可以“做强”，如何“做大”才能“做强”，却一直没有答案。实践中却不断出现合并后整合失败的案例，2019年的合并失败案例当属瑞华。2019年，由中瑞岳华和国富浩华合并而成的瑞华发生巨变，上市公司客户从2018审计年度的326家锐减至2019审计年度的27家，曾经的内资最大所已经黯然退出本土十大之列，再次证实了“做大”不一定“做强”，反而提高了“一颗老鼠屎坏了一锅粥”的概率。然而，现有的学术研究主要探讨了合并对审计市场结构、审计质量、审计收费和审计效率等的影响。除了吴溪（2005）以及Cao等（2016）以外，鲜有学者研究考察会计师事务所合并后的整合问题，而合并后的实质性整合是提高审计质量的关键。

与一般企业不同，会计师事务所属于专业服务型企业，将拥有不同历史、文化和执业标准的专业服务型企业合并在一起并非易事。Empson（2001）也指出，专业服务型企业之间的知识传递比较困难，成功的整合所需要的时间比较长。正因为如此，普华和永道合并后的“第一天”就致力于整合双方的审计技术指南数据库和支持软件，以使合并后的事务所尽快表现出统一的企业文化。Francis 等（2014）认为，会计师事务所内部特有的、用来指导本所审计师的审计实践和会计准则应用的工作标准即“审计风格”。因此，合并过程中审计风格的变动情况可以较好地反映事务所的整合过程。鉴于此，本书以审计风格为切入点，探讨事务所合并后的整合问题。具体而言，本书将分析事务所合并所导致的审计风格的变动，以及因审计风格变动而产生的经济后果。

本书首先通过事务所层次审计风格的变动探讨合并后的整合过程所需要的时间以及合并类型对整合过程的影响。本书通过合并前一年、合并当年以及合并后一年共三年的时间，逐年分析合并后的整合过程以及合并类型对该过程的影响。对整合过程的详细分析有助于政府和行业组织在引导和扶持行业发展过程中选择合适的介入时点和介入方式，探讨合并类型对该过程的影响则有助于政府和行业组织选择合适的主体进行“牵线搭桥”。

现有研究发现，分析师的行为与会计信息可比性显著相关。因此，本书利用事务所合并这一外部冲击解决可能存在的内生性问题，探讨审计风格的变动所导致的会计信息可比性的变化是否会导致分析师的行为发生变化，以分析审计风格的变动所产生的经济后果。

此外，本书还将分析因当地党政主要负责人变更而产生的经济政策不确定性是否影响审计风格，因两地空气质量差异而产生的情绪或工作效率差异是否影响审计风格。最后，本书将探讨因高铁开通而产生的审计师与被审计单位之间时间距离的压缩是否会影响审计师行为。

本书主要依托国家自然科学基金项目“会计师事务所合并对审计风格的影响机理和经济后果研究”（项目编号：71762023），分析会计师事务所合并对审计风格的影响，并从分析师的角度探讨上述影响的经济后果。本书的分工如下：第1章至第3章以及第5章由宋云玲完成；第4章由包彦完成。此外，目录和参考文献的整理工作也由包彦完成。再次感谢国家自然科学基金（项目编号：71762023）的资助。

宋云玲

2020年5月31日于呼和浩特

目录

第 1 章　会计师事务所合并对审计风格的影响 …………… 1

1.1　引言 ……………………………………… 1

1.2　文献回顾与研究假说 ……………………… 5

1.3　研究设计与样本选择 ……………………… 8

1.4　实证分析结果 …………………………… 11

1.5　研究结论和未来研究方向 ………………… 20

第 2 章　经济政策不确定性对审计风格的影响 ………… 22

2.1　引言 ……………………………………… 22

2.2　文献综述和研究假说 ……………………… 24

2.3　研究设计 ………………………………… 25

2.4　实证分析结果 …………………………… 27

2.5　进一步的分析 …………………………… 31

2.6　研究结论 ………………………………… 42

第 3 章　注册会计师非理性因素对审计风格的影响 ……… 43

3.1　引言 ……………………………………… 43

3.2　文献综述和研究假说 ……………………… 47

3.3　研究设计 ………………………………… 53

3.4　实证分析结果 …………………………… 57

3.5 稳健性检验 …… 62
3.6 进一步的分析 …… 66
3.7 研究结论与启示 …… 81

第4章 审计风格对分析师预测行为的影响 …… 83
4.1 引言 …… 83
4.2 文献综述和研究假说 …… 85
4.3 研究设计 …… 87
4.4 实证分析结果 …… 89
4.5 进一步的分析 …… 95
4.6 研究结论 …… 106

第5章 高铁开通对审计效率的影响 …… 108
5.1 引言 …… 108
5.2 文献综述和研究假说 …… 115
5.3 研究设计 …… 118
5.4 实证分析结果 …… 120
5.5 稳健性检验 …… 131
5.6 进一步的分析 …… 138
5.7 研究结论与启示 …… 142

参考文献 …… 144

后　　记 …… 165

第 1 章 会计师事务所合并对审计风格的影响[①]

本章以会计师事务所同行业审计客户间的会计信息可比性来衡量事务所的审计风格，以 2003—2015 年的会计师事务所合并事项为研究样本，从横向和纵向两个角度，讨论了事务所合并对其审计风格的影响。结果发现，合并当年，合并后存续事务所的审计风格显著弱于无合并样本，也显著弱于参与合并各事务所合并前一年的平均水平。但是，合并对审计风格的这种负面影响在合并次年就不再显著。进一步的经验证据表明，合并前各事务所的规模差异会影响合并后事务所的审计风格变化。相比之下，强强合并整合速度最快，强弱合并次之，弱弱合并最慢。本章的政策含义是：事务所合并对审计质量的可能影响是短期的，通过合并“做大”可以在一定程度上推动其“做强”；在这个过程中，知识转移难度和知识接受能力是影响合并效果的重要因素。

1.1 引言

近年来，会计师事务所的审计风格问题逐渐引起广大学者的关

① 本章已发表在《审计研究》，2017 年第 12 期。

注。Kothari et al.（2010）指出，会计人员在应用准则的过程中会形成自己的工作规程，使会计实践的流程标准化。具体到审计师层面，Francis et al.（2014）将其定义为“审计风格”，即会计师事务所内部特有的工作标准，用来指导本所审计师的审计实践和对会计准则的应用。“审计风格”在实证研究中的表现是同一会计师事务所审计的配对公司之间的会计信息更加可比。比如，Francis et al.（2014）发现，相对于不同国际四大会计师事务所[①]审计的配对公司，同一国际四大会计师事务所审计的配对公司之间的会计信息更加可比。Francis et al.（2014）还发现，规模较小的会计师事务所审计风格比较弱。这可能是由于大型会计师事务所具有较为丰富及优质的客户资源，更能吸引优秀专业人才加入，并有能力在完善人员培训体系、改进技术方法和提升内部质量控制等方面持续进行投资（谢盛纹和王清，2016），因而能够形成比较强的审计风格。

从国内外会计师事务所的发展历程来看，合并始终是其迅速扩大规模的重要途径（李明辉和刘笑霞，2010）。问题是，将拥有各自不同历史、文化和执业标准的专业服务型企业（professional service firms）合并在一起并非易事（Christensen et al.，2016）。Empson（2000，2001）和 Rapoport（2014）也指出，专业服务型企业之间的知识传递比较困难，成功整合需要更长时间。那么，建立在企业文化和执业标准之上的审计风格是否会受到事务所合并的影响呢？事务所合并以后，参与合并的事务所是否能够彼此融合，短期内在新事务所内形成一致的审计风格？参与合并的事务所的特征不同，是否又会影响事务所合并对审计风格的影响？对于这些问题，现有文献鲜有研究。对于这些问题的探索，一方面有助于我们进一步了解会计师事务所合并对其审计质量和所审客户会计信息质量的

① 国际四大会计师事务所指德勤会计师事务所、毕马威会计师事务所、普华永道会计师事务所和安永会计师事务所。

影响；另一方面也有助于我们进一步了解审计风格的形成和影响机理。这些正是本章的主要研究问题。

本章采用同一家会计师事务所同行业审计客户间的会计信息可比性来衡量会计师事务所的审计风格。但是，与一般意义的会计信息可比性不同，我们并不关注整体意义上的会计信息质量，也不关注某些公司之间的会计信息可比性。我们关注的是会计师事务所作为一个整体，其所审计的公司间的会计信息可比性是否更强（也即是否具有较强的审计风格），以及事务所合并以后，审计风格是否会发生变化。

本章以2003—2015年中国会计师事务所发生的合并案例为对象，从横向和纵向两个角度考察了合并事项对会计师事务所审计风格的影响：横向来看，合并后存续事务所的审计风格显著低于无合并样本；纵向来看，合并后存续事务所的审计风格显著低于合并前。但是，这些影响是短期的，在合并次年，这些影响即消失。进一步的研究发现，合并对审计风格的影响与合并前事务所的规模有一定的关系。本章根据合并前事务所的规模不同，将合并事项分为强强合并、强弱合并和弱弱合并三种类型。我们发现，在合并次年，强强合并后存续事务所的审计风格最强，强弱合并其次，弱弱合并最差。这说明，大规模事务所在专业知识标准化和知识接受能力方面要显著优于小规模事务所，从而使其合并整合速度也明显提高。

本章的主要理论贡献体现在三个方面：

第一，尝试用中国的数据来讨论审计风格，并且在Francis et al.（2014）的基础上，讨论了合并对审计风格的影响，增加了我们对审计风格形成机理和影响机制的认识。虽然都是用会计信息可比性指标研究合并问题，但本章与Cao et al.（2016）和Ye et al.（2016）在计算会计信息可比性时的方法不同。本章首先将同一会计师事务所审计的同行业公司进行配对，然后计算事务所层面整体的会计信息可比性（即该事务所的审计风格），因此，我们可以讨论合并前后会计师事务所审计风格的变化。Cao et al.（2016）只将同一事务所审计的同行业公司进行配对，并将参与合并的事务所在合并前也视为同一事务所（而不是各自独立的个体），讨论了合并前后参与合并的会计师事务所客户之间（即公司层面）的会计信息可比性变化（但是，却无法比较合并前后事务所的整体审计风格变化）；Ye et al.（2016）没有考虑会计师事务所差异，将样本公司与同行业所有公司（不论是否为同一事务所审计）进行配对，在此基础上计算的会计信息可比性指标不能说明事务所的审计风格。另外，由于计算方法不同，本书的结论也与前述两文存在差异。我们发现，会计师事务所在合并当年，其所审公司的会计信息可比性是下降的，但是，Cao et al.（2016）和 Ye et al.（2016）均发现，合并当年公司的会计信息可比性即得到提升。这可能是由于 Cao et al.（2016）和 Ye et al.（2016）的研究赋予了大型会计师事务所（以下简称“大所”）更多权重。Cao et al.（2016）和 Ye et al.（2016）的研究基于公司层面，大所审计的公司数量较多，因此，其所审公司在总样本中所占的权重比较大；我们的研究基于事务所层面，大所和小所在总样本中的权重是相同的。上文已提及，我们的研究结果表明，强强合并的整合效果更好，合并当年的会计信息可比性高于其他会计师事务所。因此，在大所权重较大时，可能会得到合并当年会计信息可比性即提高的结论。

第二，我们探讨了 Cao et al.（2016）和 Ye et al.（2016）没有考察的问题——合并前事务所规模差异对合并后事务所审计风格的影响，用大样本数据检验了 Empson（2001）的案例研究结果，并对其进行了进一步推广。Empson（2001）发现，合并后事务所沿袭的主要是大所的审计手册，只在某些方面会对小所的方法进行改进后采纳。本书发现，合并会导致审计风格减弱，但强强合并事务所的审计风格回转速度明显快于强弱合并和弱弱合并。这在一定程度上说明，不同规模事务所的知识转移难度和知识接受能力是存在差异的，规模较大事务所的知识转移难度更小、知识接受能力更强，从而进一步加深了我们对不同规模事务所差异的认识。这一结果也从另外一个角度说明了会计师事务所规模越大、质量越好的可能原因。当然，也有助于我们更好地了解影响合并效果的因素，从而丰富有关事务所合并的理论。

第三，发现了合并对事务所审计风格影响的时间变化，用大样本数据检验了 Empson（2000）的案例研究结果，也用相对客观的档案数据检验了 Szulanski et al.（2016）的问卷调查结果；进一步丰富了有关公司合并后知识转移时点的理论。Empson（2000）发现，会计师事务所合并后需要 1 ~2 年的时间进行整合。我们的研究也证实，合并当年，事务所整体层面的审计风格显著下降，主要可能的原因就是 Szulanski et al.（2016）所指出的，同事间的互相信任是内部知识市场有效运行的必要条件，而合并之初，信任这一必要条件并不存在，此时强行推进比较多的人际互动和交流可能会显著加大知识转移的难度。因此，应推迟知识转移的时间，这必然导致合并当年有效整合的程度比较小。

本章后续内容的安排如下：第二部分回顾相关文献并提出本书的研究假说；第三部分给出研究设计和样本；第四部分报告实证分析结果；第五部分是本章的结论和未来研究方向。

1.2 文献回顾与研究假说

1.2.1 事务所合并与审计风格

现有文献表明，国际四大会计师事务所都有自己独特的内部审计规程。如 Banker et al.（2002）、Dowling（2009）和 Vera-Munoz et al.（2006）指出，会计师事务所运用了信息技术系统来规范其审计方法，也运用了工作底稿的电子模板来应用本所的审计方法、规范审计证据。Zeri（2012）发现了以下软件产品：毕马威的 KWorld™，普华永道的 TeamAsset™和 KnowledgeCurve™，以及安永的 KnowledgeWeb™。Francis et al.（2014）总结了国际四大会计师事务所审计人员内部使用的在线产品：如德勤的技术图书馆和路径图；安永的全球会计与审计信息工具；毕马威的会计研究在线；普华永道的会计指南。这些公司还会定期组织员工培训，以确保内部审计标准得到正确的执行。这些审计标准的存在，使得国际四大会计师事务所形成了自己的审计风格，其所审客户之间的会计信息也更加可比（Francis et al.，2014）。

国内会计师事务所在发展过程中，结合自身特点，也逐渐形成了各自特有的内部工作规范。如瑞华会计师事务所定期推出瑞华期刊和瑞华研究，立信会计师事务所有针对其员工的公开课培训体系等，这些均体现出国内事务所对内部统一工作规范的重视，也使国内事务所逐渐形成了自己的审计风格。

不管是在国际还是在国内，合并都是事务所迅速扩大规模的重要途径（李明辉和刘笑霞，2010）。基于不同样本期间和不同方法的研究结果表明，会计师事务所合并会显著影响审计质量。部分研究发现，合并后事务所的审计质量会显著提高（如曾亚敏和张俊生，2010；王汇华，2015）；部分研究发现，合并后事务所的审计质量会显著下降（如李明辉和刘笑霞，2015；Christensen et al.，2016）；还有部分研究发现，合并后事务所的审计质量无显著变化（如李明辉，2011；Gong et al.，2016）。另有研究发现，合并后审计质量的变化与合并类型或合并主体有很大关系。比如，李凯（2010）发现吸收合并后的审计质量提高了，而新设合并后的审计质量无明显变化。Chan 和 Wu（2011）则发现，当合并各方均有证券从业资格时，合并后的审计独立性提高了；当只有一方具有证券从业资格时，合并后的审计独立性无显著变化。

上述研究讨论了合并对会计师事务所审计质量的影响，Cao et al.（2016）和 Ye et al.（2016）则进一步讨论了合并对上市公司会计信息可比性（也即会计信息质量）的影响[①]。但是，鲜有研究讨论合并对事务所审计风格的影响。对于这个问题的研究，将有助于我们进一步了解合并对事务所审计质量的影响机制和影响方向。

那么，合并对审计风格有什么影响呢？李明辉和刘笑霞（2015）指出，“合并后事务所可以更好地进行专业化投资，且更有能力进行技术研发和培训”。这就意味着，合并带来的事务所规模扩大能够促进专业知识的标准化和整合，使合并后的事务所具有更加一致的审计风格。

但是，从另一个角度来看，虽然“规模扩大”让事务所有能力促进专业知识的标准化和整合，但是，对于会计师事务所这种专业服务型公司而言，其标准化和整合能力是受到一定限制的。一方面，专业知识转移主要发生在员工之间，而合并会导致员工身处高度紧张的环境，包括不确定性、担忧以及不信任，这些因素都可能妨碍合并后员工间的专业知识分享（Empson，2000，2001）；另一方面，标准化知识的解读和应用需要经验和洞察力，这些知识归员工个人私有，无法强迫分享。如果合并后的事务所无法实现有效知识分享和整合，合并前的不同审计风格会依然存在，那么，就会弱化合并后事务所的整体审计风格。

基于以上分析，本章提出了第一个互斥的研究假说：

H1a：合并后事务所的审计风格会强于没有合并的事务所。

H1b：合并后事务所的审计风格会弱于没有合并的事务所。

---

① Cao et al.（2016）发现，会计师事务所合并以后，会计信息可比性得到提升；Ye et al.（2016）发现，合并会计师事务所的整合程度越高，合并后客户间的会计信息可比性就越强。

1.2.2 参与合并的事务所规模与合并后事务所的审计风格

现有研究表明，合并前公司间的规模差异，会影响合并后公司的整合程度。这是因为，一方面，合并后公司的整合程度主要取决于知识转移难度。如果公司规模较大，则其知识来源更加可靠、知识接受能力也更强，这些都会显著降低知识转移难度（Szulanski et al.，2016）。另一方面，小公司员工之间的知识分享往往是非正式的、随意的，而大公司在知识标准化和传播方面往往更加正式，以保证组织的有效运行（Empson，2001）。与此相对应，Empson（2001）研究的会计师事务所合并案中，合并后事务所沿袭的主要是大规模事务所的审计手册，只在某些方面会对小规模事务所的方法进行改进后采纳。为此，我们提出了本章的第二个研究假说：

H2：参与合并的事务所规模越大，合并后事务所的审计风格越强。

1.3 研究设计与样本选择

1.3.1 样本选择

我们以2003—2015年发生的合并案为基础选择样本。表1－1给出了样本的选择过程。2003—2015年，合并事项涉及的事务所/年样本为149个，去掉无法计算审计风格的样本34个[①]，没有百强榜信息的样本1个，得到合并事项涉及的事务所/年样本为114个。

---

① 我们在计算审计风格时要求每家事务所每年的配对组合不少于10组。由于很多小事务所审计的上市公司数量比较少，且分布在不同行业，导致其配对组合的数量不多。稳健性检验中，我们以不少于5组为标准计算审计风格指数，未在本书中记录的结果显示，我们的结论不受影响。

其中，7个事务所/年样本涉及重叠的合并事项：6个样本既是前次合并的t0，又是下次合并的t-1；1个样本既是前次合并的t+1，又是下次合并的t-1。在正文的分析中，我们将这些样本剔除①，最终得到合并样本107个，合并前一年（t-1）、合并当年（t0）以及合并次年（t+1）对应的样本分别为44个、33个和31个②。

表1-1　样本选择过程　单位：个

项目	合并样本	控制样本	合计
初始记录	149	573	722
无法计算审计风格的记录	34	210	244
事务所未出现在百强榜的记录	1	4	5
出现连续合并的记录	7	na	7
最终样本	107	359	466

1.3.2　研究设计

我们首先构造事务所/年的审计风格指数。

第一步，借鉴Kothari et al.（2005），根据模型（1.1）按年度分行业进行横截面回归，剔除观测值少于10个的年度/行业组合。

$$Total\_Accrual_t = \beta_1(1/A_{t-1}) + \beta_2[(\Delta Sales_t - \Delta AR_t)/A_{t-1}] + \beta_3(PPE_t/A_{t-1}) + \beta_4 ROA_{t-1} + \varepsilon_t \quad (1.1)$$

其中，$Total_Accrual_t$为t年末的应计总额=（净利润-经营活动产生的现金流量净额）/上年年末总资产（A_{t-1}）；$\Delta Sales_t$为t年

① 对于这些合并事项，我们进行了两种稳健性检验。检验1不考虑t-1所对应的合并事项，此时t0记录为39条（33+6），t+1记录为32条（31+1），t-1记录不变。检验2将重叠事项涉及的事务所/年样本作为两个样本，此时的t0和t+1记录与检验1相同，t-1记录增加7个。未在本书中记录的结果显示，我们的结论不受影响。

② 1件合并事项在t-1年可能对应0~3个样本，所以，t-1年样本比较多。理论上t0和t+1年的样本应该相等。但因为1件合并事项与后续合并事项的t-1重叠，1件合并事项的t+1年为2016年，所以，t+1年样本比t0样本少2个。

和 $t-1$ 年营业收入的差额；ΔAR_t 为 t 年末和 $t-1$ 年末应收账款的差额；PPE_t 为 t 年末的固定资产原值；ROA_{t-1} 为 $t-1$ 年的总资产产利润率。

第二步，根据回归得到估计系数 b_1-b_4，通过模型（1.2）计算得到 DA_t：

$$DA_t = Total\_Accrual_t - [b_1(1/A_{t-1}) + b_2[(\Delta Sales_t - \Delta AR_t)/A_{t-1}] + b_3(PPE_t/A_{t-1}) + b_4ROA_{t-1}] \quad (1.2)$$

第三步，对公司/年数据按同年度、同行业、同一事务所审计的原则进行配对[①]，根据模型（1.3）计算配对组合中两家公司异常应计的差异 *Diff_DA*。按照 Francis et al.（2014），*Diff_DA* 越大，同一事务所审计的两家公司之间的可比性越强，审计风格越强。

$$Diff\_DA_{ij,t} = -\mid DA_{i,t} - DA_{j,t}\mid \quad (1.3)$$

第四步，对每年由同一事务所审计的所有配对组合的 *Diff_DA* 取平均值，得到事务所/年的审计风格指数 $Style_{k,t}$[②]。$Style_{k,t}$ 的数值越大，审计风格越强。

我们认为，由于事务所在合并后需要一段时间的整合，因此在合并当年，审计风格可能出现明显的减弱；而在合并次年，合并各方的整合基本完成，合并对审计风格的影响也将减弱。我们通过单变量对比分析和多元回归来对此进行检验。多元回归的模型如下：

$$Style = \alpha_0 + \alpha_1 Bef + \alpha_2 Aft + \alpha_3 Next + \alpha_4 Sales + \alpha_5 Punish + Year\ Dummy + \eta \quad (1.4)$$

相关变量定义见表 1-2。

---

① 根据 Francis et al.（2014），我们将同一年度、同一行业、同一事务所审计的所有公司配对。假如 K 事务所在同一年度内在某行业审计的上市公司为 A、B 和 C 三家，则配对组合为 AB、AC 和 BC。

② Francis et al.（2014）是以公司配对（firm pairs）为样本，在回归中控制了配对组合的很多财务数据。本书是以事务所为样本，所以，控制变量与 Francis et al.（2014）不同。我们的审计风格指数是在 Francis et al.（2014）配对组合的 *Diff_DA* 基础上进一步汇总到事务所层次，其目的是更清晰地显示合并事项的影响。

表1－2　变量定义

变量	定义
Style	审计风格指数，具体定义见前文
Bef	虚拟变量，如果是合并前一年，则为1；否则为0
Aft	虚拟变量，如果是合并当年，则为1；否则为0
Next	虚拟变量，如果是合并次年，则为1；否则为0
Sales	当年百强信息中显示的事务所收入总额的自然对数
Punish	虚拟变量，如果当年百强信息中有惩戒数字，则为1；否则为0
年度	对2004—2015年设置哑变量

1.4 实证分析结果

1.4.1 描述统计结果

表1－3给出了审计风格的描述统计结果。从Panel A可以看到，在合并前一年（$Year_{t-1}$），*Style*的平均值为－0.084 1，与无合并事项的样本之间的差异是－0.001 0，该差异在统计意义上并不显著（t＝0.24）。

合并当年（$Year_{t0}$），*Style*的平均值是－0.096 8，比合并前一年降低了0.012 7，该差异的双尾显著性水平为5%（t＝2.22）；与无合并事项的样本之间的差异是－0.013 7，该差异在1%的显著性水平下显著（t＝2.87）。这说明，不管是自身的对比，还是与控制样本的对比，合并事项均导致审计风格减弱。

合并次年（$Year_{t+1}$），合并事项对审计风格的影响逐渐消失，*Style*的平均值提升到－0.087 2，与合并当年的差异为0.009 6，在统计上接近显著性水平（t＝1.53）；与合并前一年以及无合并事项的样本之间的差异均不显著区别于0。

表1－3的Panel C给出了相关系数分析结果。其中：合并当年的虚拟变量*Aft*与*Style*显著负相关，而合并前一年*Bef*和合并后一年*Next*与*Style*的相关系数均不显著区别于0。

表1－3　　描述统计结果

Panel A：合并前后的审计风格指标

	样本量	均值	中位数	Std.
$Year_{t-1}$	43	－0.084 1	－0.082 2	0.023 0
$Year_{t0}$	33	－0.096 8	－0.091 1	0.026 8
$Year_{t+1}$	31	－0.087 2	－0.083 7	0.023 1
控制样本	359	－0.083 1	－0.080 0	0.026 2

Panel B：审计风格的单变量对比分析

	均值	t值
$Year_{t0}$ V. S. $Year_{t-1}$	－0.012 7	2.22**
$Year_{t+1}$ V. S. $Year_{t-1}$	－0.003 1	0.58
$Year_{t+1}$ V. S. $Year_{t0}$	0.009 6	1.53
$Year_{t-1}$ V. S. 控制样本	－0.001 0	0.24
$Year_{t0}$ V. S. 控制样本	－0.013 7	2.87***
$Year_{t+1}$ V. S. 控制样本	－0.004 1	0.85

Panel C：相关系数分析

	Style	*Bef*	*Aft*	*Next*	*Sales*	*Punish*
Style		0.004 3	－0.131 7***	－0.028 8	0.213 3***	0.067 8
Bef	0.000 5		－0.088 0*	－0.085 1*	－0.038 0	－0.022 1
Aft	－0.129 3***	－0.088 0*		－0.073 7	0.110 7**	0.085 5*
Next	－0.040 0	－0.085 1*	－0.073 7		0.140 8***	0.043 8
Sales	0.184 7***	－0.015 4	0.130 8***	0.159 8***		0.306 4***
Punish	0.087 0*	－0.022 1	0.085 5*	0.043 8	0.324 2***	

注：（1）相关系数分析的左上角为Pearson相关系数，右下角为Spearman相关系数。

（2）***、**和*代表的双尾显著性水平分别为1%、5%和10%。

1.4.2 多元回归结果

表1-4给出了审计风格的回归结果。整体而言，回归结果与单变量分析结果是一致的。

表1-4中模型1至模型4展示了合并样本与控制样本的混合回归结果。模型1对比了合并前一年的样本与控制样本（无合并事项）。在该回归中，*Bef* 的估计系数为0.001 8，在统计上并不显著（t=0.50），说明合并前一年，样本与控制样本的审计风格不存在显著差异。模型2对比了合并当年的样本与控制样本，在该回归中 *Aft* 的估计系数为-0.012 5，双尾显著性水平为1%，说明合并当年的审计风格显著减弱。不过这种弱化效应持续的时间并不长，表现在模型3中 *Next* 的估计系数虽然为负（-0.002 5），但在统计上已经不显著（t=0.66）。在包括全部样本的模型4的回归结果中，*Bef*、*Aft* 和 *Next* 的估计系数与模型1至模型3是一致的。

模型5至模型10展示的是合并样本内部的时间序列回归结果。模型5显示的是合并前一年与其他年度（合并当年和合并次年）的差异，*Bef* 在回归中的估计系数为0.010 1，双尾显著性水平达到5%，说明事务所合并前一年的审计风格显著强于其他年度。不过，在控制了 *Aft*（模型8）以后，*Bef* 的估计系数不再显著区别于0。这说明模型5显示的差异主要是由合并前一年与合并当年的差异引起的。

模型6显示的是合并当年与其他年度（合并前一年和合并次年）的差异，*Aft* 在回归中的估计系数为-0.014 2，双尾显著性水平达到1%，说明合并当年审计风格显著减弱。而在模型9中 *Bef* 和 *Next* 的估计系数均显著为正，说明合并当年的审计风格既弱于合并前一年，也弱于合并次年。

表 1-4　　合并对审计风格的影响：回归分析结果

	A：混合样本回归				B：时间序列回归					
	模型 1	模型 2	模型 3	模型 4	模型 5	模型 6	模型 7	模型 8	模型 9	模型 10
样本构成	t-1 & Control	t0 & Control	t+1 & Control	全部样本	合并样本	合并样本	合并样本	合并样本	合并样本	合并样本
Intercept	-0.131 3*** (12.02)(1)	-0.133 2*** (11.97)	-0.137 3*** (12.39)	-0.132 4*** (12.76)	-0.101 7*** (5.25)	-0.083 7*** (4.53)	-0.086 1*** (4.57)	-0.089 7*** (4.55)	-0.101 8*** (5.33)	-0.085 6*** (4.63)
Bef	0.001 8 (0.50)			0.001 9 (0.51)	0.010 1** (2.09)			0.004 1 (0.77)	0.016 2*** (2.94)	
Aft		-0.012 5*** (2.80)		-0.012 4*** (2.83)		-0.014 2*** (3.24)		-0.012 1*** (2.59)		-0.016 2*** (2.94)
Next			-0.002 5 (0.66)	-0.001 6 (0.43)			0.003 8 (0.87)		0.012 1*** (2.59)	-0.004 1 (0.77)
Sales	0.005 3*** (4.44)	0.005 7*** (4.66)	0.006 0*** (4.96)	0.005 5*** (4.98)	0.005 8** (2.42)	0.005 3** (2.34)	0.003 9* (1.67)	0.005 8** (2.47)	0.005 8** (2.47)	0.005 8** (2.47)
Punish	0.001 7 (0.44)	-0.000 1 (0.03)	0.002 6 (0.66)	0.000 6 (0.17)	-0.001 1 (0.21)	-0.000 3 (0.06)	-0.002 4 (0.44)	-0.000 1 (0.02)	-0.000 1 (0.02)	-0.000 1 (0.02)
年度	控制	控制	控制	控制	控制	控制	控制	控制	控制	控制
$Adj\text{-}R^2$	0.114 6	0.145 6	0.135 7	0.148 3	0.159 8	0.190 9	0.130 8	0.186 0	0.186 0	0.186 0
样本量	402（43）	392（33）	390（31）	466（107）	107	107	107	107	107	107

注：（1）括号中的数值是经过异方差相容性调整的 t 值。

（2）在样本量一栏，括号中的样本量为参与合并的会计师事务所的数量。

（3）***、** 和 * 代表的双尾显著性水平分别为 1%、5% 和 10%。

1.4.3 参与合并的事务所规模与合并后事务所的审计风格

我们将会计师事务所的合并事件按照合并前的规模不同，分为强强合并、强弱合并和弱弱合并三种不同的类型。我们以中国注册会计师协会的百强榜排名来作为区别会计师事务所规模的依据，以百强榜排名是否进入前30名[①]为划分事务所合并前强弱的分界点，界定合并双方合并前均属于前30名的事务所为强强合并，一方属于前30名，另一方不属于前30名的为强弱合并，双方合并前均没有排进前30名的为弱弱合并。

为了进一步分析合并前事务所规模与合并后审计风格之间的关系，我们引入了虚拟变量 EQ。如果本次合并属于强强合并，则 $EQ=1$；如果本次合并属于强弱合并，则 $EQ=0$；如果本次合并属于弱弱合并，则 $EQ=-1$。我们设计了 EQ 与合并前后虚拟变量的交互项来考察合并类型对审计风格的影响。

表1-5给出了研究结果。其中，Panel A 为分组的描述统计结果，Panel B 报告了单变量对比分析结果，Panel C 报告了包含交互变量的多元回归结果。从 Panel A 可以看到，合并前一年，弱弱合并事务所的审计风格指数的平均值为-0.084 0，而强弱合并以及强强合并时的对应数值分别为-0.085 3和-0.082 5，三种合并类型参与事务所间的审计风格差异不大。合并当年，三种合并类型的审计风格均出现下降，而弱弱合并下降的幅度最大。合并次年，弱弱合并的审计风格指数不但未改善，反而较合并当年下降；而强弱合并和强强合并的审计风格指数均较合并当年上升，其中，强弱合并的审计风格指数与合并前一年基本相同，而强强合并的审计风格指数则高于合并前一年。

---

① 我们同样以前20名作为划分事务所规模的依据，研究结果类似。

表 1-5　参与合并的事务所规模与合并后事务所的审计风格

Panel A：描述统计

		(1) 合并前一年				(2) 合并当年				(3) 合并次年			
		样本	均值	中位数	Std.	样本	均值	中位数	Std.	样本	均值	中位数	Std.
小所合并小所（弱弱合并）	*EQ* = -1	9	-0.084 0	-0.085 3	0.025 8	7	-0.106 1	-0.106 6	0.024 6	6	-0.107 8	-0.110 7	0.018 2
大所合并小所（强弱合并）	*EQ* = 0	19	-0.085 3	-0.082 6	0.026 1	17	-0.099 0	-0.097 9	0.031 3	17	-0.085 3	-0.083 7	0.024 8
大所合并大所（强强合并）	*EQ* = 1	15	-0.082 5	-0.078 4	0.017 9	9	-0.085 4	-0.086 1	0.015 0	8	-0.075 8	-0.075 7	0.010 7
	合计	43				33				31			

Panel B：单变量对比分析

		$Year_{t0}$ V.S. $Year_{t-1}$		$Year_{t+1}$ V.S. $Year_{t-1}$		$Year_{t+1}$ V.S. $Year_{t0}$		$Year_{t-1}$ V.S. 控制样本		$Year_{t0}$ V.S. 控制样本		$Year_{t+1}$ V.S. 控制样本	
		均值	t 值	均值	t 值	均值	t 值	均值	t 值	均值	t 值	均值	t 值
小所合并小所（弱弱合并）	*EQ* = -1	-0.022 1	1.73*	-0.023 8	1.95**	-0.001 7	0.14	-0.001 0	0.11	-0.023 0	2.31**	-0.024 7	2.30**
大所合并小所（强弱合并）	*EQ* = 0	-0.013 6	1.43	0.000 0	0.00	0.013 7	1.41	-0.002 2	0.36	-0.015 9	2.42**	-0.002 2	0.35
大所合并大所（强强合并）	*EQ* = 1	-0.002 9	0.40	0.006 7	0.96	0.009 6	1.50	0.000 6	0.09	-0.002 3	0.26	0.007 3	0.79

续表

Panel C：回归分析

	A：混合样本回归				B：时间序列回归					
	模型1	模型2	模型3	模型4	模型5	模型6	模型7	模型8	模型9	模型10
样本构成	t-1 & Control	t0 & Control	t+1 & Control	全部样本	合并样本	合并样本	合并样本	合并样本	合并样本	合并样本
Intercept	-0.132 3*** (12.06)	-0.131 6*** (11.74)	-0.134 8*** (12.07)	-0.129 4*** (12.28)	-0.109 2*** (5.38)	-0.074 9*** (3.75)	-0.069 1*** (3.74)	-0.087 3*** (3.83)	-0.091 9*** (4.40)	-0.056 9*** (2.90)
Bef	0.002 3 (0.62)			0.002 2 (0.60)	0.011 4** (2.24)			0.004 2 (0.75)	0.015 3*** (2.66)	
EQ×Bef	-0.003 5 (0.82)			-0.003 4 (0.78)	-0.005 0 (0.99)			-0.003 9 (0.78)	-0.003 2 (0.64)	
Aft		-0.012 7*** (2.84)		-0.012 6*** (2.85)		-0.013 7*** (3.20)		-0.012 2*** (2.63)		-0.012 7** (2.42)
EQ×Aft		0.005 8 (1.05)		0.005 8 (1.06)		0.007 4 (1.23)		0.005 9 (0.96)		0.009 7* (1.66)
Next			-0.002 9 (0.79)	-0.002 0 (0.56)			0.004 2 (1.02)		0.011 5*** (2.56)	-0.001 2 (0.24)
EQ×Next			0.009 8*** (2.65)	0.010 4*** (2.83)			0.014 5*** (3.16)		0.011 2** (2.53)	0.014 1*** (3.19)
Sales	0.005 4*** (4.51)	0.005 5*** (4.46)	0.005 7*** (4.67)	0.005 2*** (4.57)	0.006 7*** (2.68)	0.004 2* (1.71)	0.001 8 (0.78)	0.005 5** (2.02)	0.004 6* (1.78)	0.001 8 (0.75)

续表

	A：混合样本回归				B：时间序列回归					
	模型 1	模型 2	模型 3	模型 4	模型 5	模型 6	模型 7	模型 8	模型 9	模型 10
Punish	0.001 8 (0.46)	−0.000 1 (0.03)	0.002 3 (0.59)	0.000 4 (0.13)	−0.000 5 (0.09)	−0.000 6 (0.12)	−0.003 3 (0.62)	0.000 1 (0.02)	−0.000 7 (0.12)	−0.001 8 (0.34)
$Next+EQ\times Next$			0.006 9	0.008 4*			0.018 7***		0.022 7***	0.012 9*
年度	控制	控制	控制	控制	控制	控制	控制	控制	控制	控制
Adj-R^2	0.113 4	0.145 3	0.138 4	0.150 0	0.158 2	0.194 2	0.165 2	0.182 8	0.200 4	0.217 5
N	402（43）	392（33）	390（31）	466（107）	107	107	107	107	107	107

注：（1）括号中的数值是经过异方差相容性调整的 t 值。

（2）在样本量一栏，括号中的样本量为参与合并的会计师事务所的数量。

（3）***、** 和 * 代表的双尾显著性水平分别为 1%、5% 和 10%。

上述结果在 Panel C 的多元回归中得到进一步证实。在混合样本回归的模型2和模型4中，*Aft* 的估计系数仍然显著为负，说明合并会导致审计风格的减弱。不过，这种负面影响的持续时间并不长，表现为 *Next* 的估计系数虽然为负，但在统计意义上并不显著。而 $EQ \times Next$ 在模型3和模型4中的估计系数均显著为正，说明合并主体的规模对审计风格的融合存在显著影响，强强联合后的审计风格显著强于其他合并类型。时间序列回归结果与混合样本回归结果是类似的：*Aft* 的估计系数显著为负，$EQ \times Next$ 的估计系数显著为正。

1.4.4 稳健性检验

（1）配对样本分析

上文的控制样本采用的是有相关数据且无合并事项的所有事务所/年样本。稳健性检验中，我们以合并前（t-1）的样本为基础选择配对样本[①]重复上述分析。未在本书中记录的结果显示，我们的结论不受影响。

（2）DA 的计算方法

上文采用控制 ROA 的方法计算可操纵应计。稳健性检验中，

① 假设A、B事务所合并为C的年度是2007年，对应的t-1年是2006年。我们首先找到2006—2008年均不涉及合并事项的事务所（即这三个年度的 *Bef*、*Aft* 和 *Next* 的取值均为0），然后根据2006年规模接近的原则分别为A和B找到配对的事务所（假设为D、E）。事务所D和E的2006—2008年数据分别对应此合并事项的t-1、t0和t+1。这种配对方法下，t-1年研究样本和控制样本的数量是相等的，t0年和t+1年研究样本的数量少于控制样本。为避免样本量差异所产生的影响，我们进行了 difference in difference 分析，即审计风格的变化分析。对于研究样本，$Diff0_A$ = 事务所C在2007年的审计风格 - 事务所A在2006年的审计风格；$Diff1_A$ = 事务所C在2008年的审计风格 - 事务所A在2006年的审计风格；$Diff0_B$ 和 $Diff1_B$ 的定义类似。对于控制样本，以各事务所不同年度的数据之差定义相应的变量。未在本书中记录的结果显示，控制样本的审计风格无显著变化，即 Diff0 和 Diff1 均不显著区别于0。研究样本的 Diff0 显著为负，即审计风格出现显著的减弱；不过，Diff1 不显著区别于0，即合并对审计风格的弱化作用在合并次年已不明显。

我们以修正的 Jones 模型估计 DA。未在本书中记录的结果显示，我们的结论不受影响。

（3）审计风格的计算

上章在计算审计风格时要求同一事务所在同一年度的配对组合不少于 10 组。稳健性检验中，我们放松该要求至 5 组，结果是稳健的。

1.5 研究结论和未来研究方向

本章探讨了事务所合并对审计风格的影响。基于 2003—2015 年的大样本研究表明，相比于合并前一年，合并当年的审计风格明显减弱，而合并次年的审计风格与合并前一年无显著差异。混合截面对比结果显示，相比于无合并事项的控制样本，合并前一年的审计风格不存在显著差异，合并当年的审计风格显著弱于控制样本，而合并次年该现象消失。本章的研究结果表明，事务所合并只是在短期内影响了其审计风格，但是，从长期来看，合并并不会弱化其审计风格。

我们还进一步将事务所的合并事项划分为强强、强弱和弱弱合并三类，发现合并类型对合并后审计风格有显著影响。强强合并在合并次年的审计风格最强，强弱合并次之，弱弱合并最差。这与事务所规模与审计风格和审计质量相关的结论一致。这说明规模较大的会计师事务所在专业知识标准化和整合方面存在一定的优势，能够加快其合并整合速度。

本章对监管部门的启示是：我们发现，同一会计师事务所的审计风格是相近的，即使两个或多个事务所合并形成了新的会计师事务所，新事务所也能很快形成接近的审计风格，使得其所审客户的会计信息更加可比。这说明，至少从目前的经验证据来看，会计师事务所“做大”可以有效地推动其“做强”。对于监管部门来说，需要考虑如何通过执业质量检查推动事务所进一步统一和规范审计技术标准，并确保其得到有效执行；同时，通过培训、研讨等方式，促进不同事务所之间的经验交流，提高整个审计行业的执业质量。

本章通过构造审计风格指数在事务所层次探讨了合并事项对审计风格的影响。未来的研究可以从以下两个方面进行。第一，进一步探讨合并事项对审计风格的影响机制，比如，事务所分支机构层面或签字注册会计师层面的影响。第二，进一步探讨规模较大会计师事务所在专业知识标准化和整合方面的经验和方法，思考如何利用这些经验和方法来提高会计师事务所的整体审计质量。

第2章　经济政策不确定性对审计风格的影响

经济政策不确定性对微观企业行为，尤其是企业经营风险和财务风险的影响会传导至审计风险，影响审计师的行为决策。那么，客户面临的经济政策不确定性方面的差异是否会影响事务所统一的审计风格的形成？本章以上市公司所在地级市市委书记是否发生变更来衡量经济政策不确定性，对上述问题进行了分析。结果表明，经济政策不确定性会削弱审计风格，而审计师的行业专长和地域因素可以调节经济政策不确定性对审计风格的影响。

2.1　引言

经济政策不确定性是指经济主体无法确切预知政府是否、何时以及如何改变现行经济政策（Gulen and Ion，2016）。现有研究发现，经济政策不确定性会对微观企业行为产生显著影响，比如，减少资本投资（Wang et al.，2014；Gulen and Ion，2016；李凤羽和杨墨竹，2015；饶品贵等，2017）、降低创新投入（郝威亚等，2016）、减少并购交易（Bonaime et al.，2018）、改变现金持有策略（王红建等，2014；李凤羽和史永东，2016），甚至影响高管变更（饶品贵和徐子慧，2017）。进一步地，经济政策不确定性对微观企业行为，尤其是企业经营风险和财务风险的影响会传导至审计风险，影响审计师的行为决策（李茫茫和黎文靖，2017；马东山和韩亮亮，2018；褚剑等，2018）。由此引出的问题是，客户面临的经济政策不确定性方面的差异是否会影响事务所统一的审计风格的形成？这是本章试图回答的主要问题。

虽然有大量研究采用斯坦福大学和芝加哥大学联合发布的经济政策不确定性指数（比如，陈胜蓝和李占婷，2017；褚剑等，2018），但该指数并不是特别适合于中国的审计风格研究。因为中国上市公司统一以 12 月 31 日为会计年度结束日，大部分审计工作的完成时间在次年 2—4 月，不同公司对应的经济政策不确定性指数的变异性非常小，难以观测到经济政策不确定性差异对审计风格的影响。由于政府在经济发展中具有强大的话语权（王化成等，2016），因此，领导人的变更成为衡量经济政策不确定性的另一重要代理变量（陈德球等，2016；罗党论等，2016；李茫茫和黎文靖，2017）。而且，不同地区领导人的变更并不集中在同一时间，使不同公司对应的经济政策不确定性指数的变异性比较大，有助于观测经济政策不确定性差异对审计风格的影响。

参考陈德球等（2016）以及李茫茫和黎文靖（2017）等文献，本章以地级市市长或市委书记是否变更衡量经济政策不确定性，考察经济政策不确定性差异是否影响审计风格。基于 2006—2017 年的大样本分析表明，经济政策不确定性会削弱审计风格。具体表现在，同一事务所在同一年度所审计的同行业的配对公司的可操纵应计的差异与配对公司的经济政策不确定性差异显著正相关。进一步的分析显示，审计师的行业专长可以缓解经济政策不确定性对审计风格的影响，地域因素也会影响两者关系，而同一分所审计的配对公司之间的会计信息可比性受经济政策不确定性的影响比较弱。

本章后续内容安排如下：第二部分为文献综述和研究假说；第三部分为研究设计；第四部分报告实证分析结果；第五部分是进一

步的分析；第六部分是本章的结论。

2.2 文献综述和研究假说

我们认为，经济政策不确定性因影响微观企业行为而影响审计风格。经济政策不确定性与企业的经营风险密切相关。现有研究发现，经济政策不确定性的程度越大，企业经营风险越高（李茫茫和黎文靖，2017；马东山和韩亮亮，2018；诸剑等，2018）。经营风险对微观企业行为的影响是“双刃剑”。一方面，为应对经济政策不确定性产生的经营风险，公司可能会减少投资总量（Wang et al.，2014；Gulen and Ion，2016；贾倩等，2013；李凤羽和杨墨竹，2015；陈国进和王少谦，2016；饶品贵等，2017）、降低创新投入（郝威亚等，2016）、减少并购交易（Bonaime et al.，2018）、增加现金持有量（李凤羽和史永东，2016），或者提高税收规避程度（陈德球等，2016a）。另一方面，经济政策不确定性所产生的风险属于不可控因素，这就使管理层可以堂而皇之地进行自利性归因，表现在高管变更的概率下降（饶品贵和徐子慧，2017）、创新效率低下（陈德球等，2016b），以及因代理动机而增加现金持有量（王红建等，2014）。微观企业行为的改变会增加审计难度，使审计师偏离固有的审计流程以应对新的业务挑战。

经济政策不确定性影响审计风格的另一个可能渠道是其对会计信息质量的影响。其中最典型的表现是高管与股东之间代理成本的上升（马东山和韩亮亮，2018；诸剑等，2018），从而加剧两者之间的信息不对称（Jensen and Meckling，1976）。比如，为应对环境不确定性，企业会进行更多的盈余管理（申慧慧，2010），盈余管理的增加无疑会提高审计业务复杂度。为应对信息披露质量的下降，审计师也可能偏离其固有流程，即会降低整体的审计风格。

Francis et al.（2014）认为，相比于其他可比性指标，审计师对可操纵应计的掌控程度比较高，因此，以配对公司之间可操纵应计的差异来衡量审计风格更有实践意义。他们的研究也表明，配对公司之间的特征差异也会影响审计风格的稳定性。由于经济政策不确定性会通过影响微观企业行为造成公司间差异，我们预期，配对公司之间的经济政策不确定性差异会显著影响审计风格，并据此提出本章的研究假说如下：

H1：在其他条件相同的情况下，配对公司之间的经济政策不确定性差异越大，审计风格越弱。

2.3 研究设计

参照现有文献，我们以式（2.1）考察经济政策不确定性差异对审计风格的影响。

$$Diff\_Abn\_Acc = \beta_0 + \beta_1 Diff\_Change + \beta_2 Same\_Big10 + Controls + \varepsilon \tag{2.1}$$

其中，*Diff_Abn_Acc* 等于同一事务所在同一年度、同一行业所审计的客户两两之间的可操纵应计差异。具体定义如下：

$$Diff\_Abn\_Acc_{ij,t} = | Abn\_Acc_{i,t} - Abn\_Acc_{j,t} | \tag{2.2}$$

我们采用截面修正琼斯模型来估计可操控性应计利润（*Abn_Acc*），并调整了经营业绩的影响（Kothari et al.，2005）。

首先，根据每个行业每年的数据用式（2.3）估计 φ_1、φ_2 和 φ_3。

$$\begin{aligned} Total\_Acc_{i,t}/Asset_{i,t-1} = {} & \varphi_1(1/Asset_{i,t-1}) + \varphi_2[(\Delta REV_{i,t} - \Delta AR_{i,t})/ \\ & Asset_{i,t-1}] + \varphi_3(PPE_{i,t}/Asset_{i,t-1}) + \\ & \varphi_4 ROA_{i,t-1} + \varepsilon_{i,t} \end{aligned} \tag{2.3}$$

其中，*Total_Acc* 表示总应计项目，等于净利润减去经营活动产生的现金流量净额；ΔREV 是当年营业收入的增加额；ΔAR 是当年应收账款的增加额；*PPE* 表示当年年末的固定资产原值；*Asset* 表示总资产；*ROA* 表示总资产收益率；*i* 和 *t* 分别代表样本公司和年度。

然后，将每家样本公司的每年数据带入相关行业的回归模型中，得到式（2.3）的残差，即是调整业绩影响以后的各公司修正琼斯模型下的可操纵应计（*Abn_Acc*）。

如果公司 *i* 注册地所在地级市在 t 年 1—12 月发生注册地党政主要负责人变更，则 $Change_{i,t}=1$；否则，$Change_{i,t}=0$。我们根据式（2.4）定义公司 *i* 和公司 *j* 在 t 年所面临的政策不确定性差异。

$$Diff\_Change_{ij,t} = |\ Change_{i,t} - Change_{j,t}\ | \qquad (2.4)$$

借鉴 Francis et al.（2014），我们在回归中控制了两两组合的一些影响可操纵应计的指标的差异和平均值。具体定义见表 2－1。回归中同时控制了行业和年度虚拟变量。

表 2－1　　变量定义

变量	定义
Diff_Abn_Acc	公司 *i* 和公司 *j* 的可操纵应计之间的差异，计算方法见式（2.2）
Diff_Change	公司 *i* 和公司 *j* 的政策不确定性差异，计算方法见式（2.4）
*Same_Big*10	虚拟变量，如果同由前十大会计师事务所审计，则为 1，否则为 0；其中，前十大会计师事务所按中注协历年排名确定
Avg_Abn_Acc	公司 *i* 和公司 *j* 的可操控应计利润的平均值
Diff_Lev	公司 *i* 和公司 *j* 的资产负债率差值的绝对值
Avg_Lev	公司 *i* 和公司 *j* 的资产负债率的平均值
Diff_Size	公司 *i* 和公司 *j* 的总资产自然对数差值的绝对值
Avg_Size	公司 *i* 和公司 *j* 的总资产自然对数的平均值
Diff_B/M	公司 *i* 和公司 *j* 的账面市值比差值的绝对值
Avg_B/M	公司 *i* 和公司 *j* 的账面市值比的平均值
Diff_CFO	公司 *i* 和公司 *j* 的（经营活动现金流/期初总资产）差值的绝对值
Avg_CFO	公司 *i* 和公司 *j* 的（经营活动现金流/期初总资产）的平均值

续表

变量	定义
Diff_Std_REV	公司 i 和公司 j 的过去16个季度主营业务收入标准差差值的绝对值
Avg_Std_REV	公司 i 和公司 j 的过去16个季度主营业务收入标准差的平均值
Diff_Std_CFO	公司 i 和公司 j 的过去16个季度经营活动净现金流标准差差值的绝对值
Avg_Std_CFO	公司 i 和公司 j 的过去16个季度经营活动净现金流标准差中的平均值
Diff_Std_REVG	公司 i 和公司 j 的过去16个季度主营业务收入增长率标准差差值的绝对值
Avg_Std_REVG	公司 i 和公司 j 的过去16个季度主营业务收入增长率标准差中的平均值
Diff_LossProb	公司 i 和公司 j 的过去16个季度中净利润为负数的季度所占比重的差异的绝对值
Avg_LossProb	公司 i 和公司 j 的过去16个季度中净利润为负数的季度所占比重的平均值

2.4 实证分析结果

2.4.1 样本和描述统计

我们以2006—2017年A股公司为基础，去掉金融业、审计师发生变更的公司、ST公司、无分析所需数据的公司，最终得到14 808个公司/年样本；其中十大会计师事务所审计的样本为7 009个。我们按照同年度、同行业、同一事务所审计的原则进行配对，得到113 058个配对组合；其中十大会计师事务所审计的配对组合为85 198个。

表2-2给出了样本的年度分布情况。从公司/年样本的分布情

况来看，上市公司审计市场份额呈现逐年集中的趋势。比如，2006年十大会计师事务所审计的样本占比13.59%；2011年，十大会计师事务所审计的样本占比43.30%；2017年十大会计师事务所审计的样本占比59.75%。随着十大会计师事务所审计份额的增加，由十大会计师事务所审计的配对组合在配对组合总样本中占比也直线上升。比如，2006年、2011年和2017年的相应比例分别为13.29%、69.41%和86.88%。随着同一事务所审计份额的增加，审计风格对上市公司整体审计工作的影响越来越大，这也是有关审计风格研究的现实意义所在。

表2-2　样本的年度分布　单位：个

年度	公司/年样本				配对组合样本			
	样本	国际四大	国内六大	十大合计	样本	国际四大	国内六大	十大合计
2006	633	44	42	86	775	71	32	103
2007	688	36	106	142	926	39	231	270
2008	857	47	172	219	1 652	76	479	555
2009	884	47	285	332	2 384	65	1 188	1 253
2010	995	57	323	380	2 946	83	1 621	1 704
2011	1 044	72	380	452	3 377	142	2 202	2 344
2012	1 186	86	549	635	5 880	158	4 752	4 910
2013	1 302	80	696	776	9 528	199	8 273	8 472
2014	1 597	88	887	975	15 992	170	14 145	14 315
2015	1 809	95	967	1 062	22 275	214	18 898	19 112
2016	1 967	111	736	847	26 579	344	13 793	14 137
2017	1 846	111	992	1 103	20 744	304	17 719	18 023
合计	14 808	874	6 135	7 009	113 058	1 865	83 333	85 198

表2-3给出了变量的描述统计。*Diff_Abn_Acc*的均值为7.893，中值为6.231。*Diff_Change*的均值为0.407，说明有40.7%的配对组合出现了一家公司注册地发生党政主要负责人变更而另一家公司注册地未发生党政主要负责人变更的情况。

表 2-3 描述统计

变量	均值	中值	标准差	Q1	Q3
Diff_Abn_Acc	7.893	6.231	6.372	2.873	11.295
Diff_Change	0.407	0.000	0.491	0.000	1.000
*Same_Big*10	0.754	1.000	0.431	1.000	1.000
Avg_Abn_Acc	-1.236	-1.372	5.480	-4.542	1.803
Diff_Lev	0.214	0.185	0.152	0.087	0.317
Avg_Lev	0.448	0.446	0.144	0.343	0.554
Diff_Size	1.187	0.990	0.885	0.464	1.733
Avg_Size	12.844	12.783	0.795	12.275	13.373
Diff_B/M	0.228	0.168	0.205	0.075	0.320
Avg_B/M	0.370	0.334	0.184	0.233	0.472
Diff_CFO	8.291	6.517	6.749	3.006	11.805
Avg_CFO	4.733	4.571	6.011	1.220	8.191
Diff_Std_REV	4.914	1.850	7.037	0.616	5.679
Avg_Std_REV	3.871	1.998	4.505	0.987	4.636
Diff_Std_CFO	2.492	0.971	3.508	0.355	2.886
Avg_Std_CFO	2.105	1.182	2.259	0.662	2.526
Diff_Std_REVG	0.545	0.201	0.906	0.081	0.506
Avg_Std_REVG	0.564	0.353	0.581	0.243	0.587
Diff_LossProb	0.207	0.125	0.202	0.063	0.313
Avg_LossProb	0.164	0.125	0.147	0.031	0.250

2.4.2 多元回归结果

表2-4报告了初步回归结果。在不控制行业和年度固定效应的回归1中，*Diff_Change* 的估计系数为0.128，在1%的水平上显著为正。在控制行业和年度固定效应的回归2中，*Diff_Change* 的估计系数为0.104，也在1%的水平上显著为正。整体而言，我们的结果表明，政策不确定性差异会显著减弱同一事务所的审计风格，假说H1得到证实。

另外，在表2-4中的估计系数显著为负，说明相比于小所，十大会计师事务所具有更强烈的审计风格，这与Francis et al.(2014)针对美国数据的研究结果是一致的。即，规模比较大的事务所更易形成统一的审计风格。

表2-4 政策不确定性对审计风格的影响

	回归1		回归2	
	估计系数	t	估计系数	t
截距	10.412***	(25.34)	10.249***	(16.63)
Diff_Change	0.128***	(4.13)	0.104***	(3.33)
Same_Big10	-0.411***	(-11.61)	-0.329***	(-8.54)
Avg_Abn_Acc	-0.110***	(-25.00)	-0.118***	(-26.19)
Diff_Lev	-0.126	(-1.21)	-0.153	(-1.46)
Avg_Lev	1.625***	(12.30)	1.251***	(8.48)
Diff_Size	-0.046*	(-1.87)	-0.038	(-1.53)
Avg_Size	-0.501***	(-14.59)	-0.458***	(-11.88)
Diff_B/M	1.268***	(12.90)	1.455***	(14.63)
Avg_B/M	-2.819***	(-24.22)	-3.593***	(-24.62)
Diff_CFO	0.535***	(227.59)	0.533***	(226.17)
Avg_CFO	-0.217***	(-52.02)	-0.226***	(-51.80)
Diff_Std_REV	-0.035***	(-4.98)	-0.040***	(-5.76)
Avg_Std_REV	0.088***	(7.02)	0.098***	(7.71)
Diff_Std_CFO	-0.008	(-0.54)	0.004	(0.29)
Avg_Std_CFO	0.118***	(4.63)	0.111***	(4.28)
Diff_Std_REVG	-0.245***	(-5.27)	-0.176***	(-3.60)
Avg_Std_REVG	0.614***	(8.34)	0.478***	(5.90)
Diff_LossProb	-0.503***	(-4.88)	-0.506***	(-4.91)
Avg_LossProb	1.396***	(8.92)	1.518***	(9.51)
行业&年度	不控制		控制	
调整R^2	0.359		0.363	
样本	113 058		113 058	

注：(1) 括号内为t统计量。

(2) ***、**和*代表的双尾显著性水平分别为1%、5%和10%。

2.5 进一步的分析

2.5.1 审计行业专长的影响

宋衍蘅等（2017）发现，具有行业专长的事务所会形成更加强烈的审计风格。那么，审计师行业专长能否缓解政策不确定性对审计风格的负面影响？为此，我们按是否具有行业专长将配对样本分为两组进行回归，结果如表 2-5 所示。在具有行业专长一组，*Diff_Change* 的估计系数为 0.079，不显著区别于 0；在不具有行业专长一组，*Diff_Change* 的估计系数为 0.094，在 5% 的水平上显著为正。这说明，行业专长能够在一定程度上缓解政策不确定性对审计风格的负面影响。

表 2-5 行业专长的作用

	有行业专长		无行业专长	
	估计系数	t	估计系数	t
截距	8.281***	(8.53)	11.736***	(11.43)
Diff_Change	0.079	(1.59)	0.094**	(2.33)
Same_Big10	-0.583***	(-7.00)	-0.302***	(-6.59)
Avg_Abn_Acc	-0.099***	(-14.61)	-0.128***	(-21.16)
Diff_Lev	0.113	(0.68)	-0.408***	(-3.02)
Avg_Lev	1.594***	(6.79)	0.792***	(4.17)
Diff_Size	-0.047	(-1.22)	-0.037	(-1.16)
Avg_Size	-0.348***	(-5.72)	-0.540***	(-10.84)
Diff_B/M	1.500***	(9.44)	1.272***	(9.99)
Avg_B/M	-4.397***	(-19.02)	-2.771***	(-14.68)

续表

	有行业专长		无行业专长	
	估计系数	t	估计系数	t
Diff_CFO	0.530***	(140.94)	0.536***	(177.18)
Avg_CFO	-0.222***	(-32.99)	-0.225***	(-39.15)
Diff_Std_REV	-0.044***	(-4.16)	-0.035***	(-3.71)
Avg_Std_REV	0.096***	(4.97)	0.085***	(4.95)
Diff_Std_CFO	0.008	(0.37)	-0.004	(-0.20)
Avg_Std_CFO	0.061	(1.58)	0.167***	(4.76)
Diff_Std_REVG	-0.313***	(-4.14)	-0.029	(-0.46)
Avg_Std_REVG	0.632***	(5.01)	0.280***	(2.62)
Diff_LossProb	-0.674***	(-4.21)	-0.408***	(-3.04)
Avg_LossProb	2.152***	(8.59)	1.082***	(5.22)
行业 & 年度	控制		控制	
调整 R^2	0.363		0.366	
样本	47 296		65 762	

注：(1) 括号内为t统计量。
(2) ***、** 和 * 代表的双尾显著性水平分别为1%、5%和10%。

2.5.2 地域的影响

基于以下三个原因，我们预期政策不确定性差异对地理临近性比较高组合的影响会比较弱。第一，同省配对样本在省级层面的政策不确定性水平是相同的；第二，新任地级市官员来自省内地级市的概率比较高，使公司及审计师能够比较好地预期其施政方针；第三，同一个省份，地缘较近，政策可能会互相影响，因此，一个地级市官员更换的时候，可能也会影响另一个地级市的政策。所以，相比非同一省份的公司来说，同一省份的政策不确定性的差异要小。表2-6的回归结果证实了我们的预期。对同省配对样本，*Diff_Change* 在回归中

的估计系数为 -0.064，不显著区别于0；对异省样本，*Diff_Change* 在回归中的估计系数为0.159，在1%的水平上显著为正。这说明，政策不确定性对审计风格的负面作用主要发生在异省配对样本中。

表2-6　地域的影响

	是否属于同一省份		地方政府意愿	
	否	是	差异高	差异低
截距	10.596*** (14.67)	10.536*** (8.33)	11.186*** (12.72)	9.497*** (10.47)
Diff_Change	0.159*** (4.52)	-0.064 (0.88)	0.154*** (3.47)	0.059 (1.32)
*Same_Big*10	-0.303*** (6.64)	-0.406*** (5.56)	-0.358*** (6.28)	-0.294*** (5.61)
Avg_Abn_Acc	-0.106*** (20.87)	-0.170*** (17.36)	-0.105*** (16.28)	-0.131*** (20.84)
Diff_Lev	-0.175 (1.48)	-0.057 (0.25)	-0.193 (1.32)	-0.055 (0.36)
Avg_Lev	1.538*** (9.21)	-0.033 (0.10)	1.567*** (7.52)	0.914*** (4.37)
Diff_Size	-0.017 (0.63)	-0.083 (1.55)	0.040 (1.17)	-0.120*** (3.39)
Avg_Size	-0.443*** (10.19)	-0.540*** (6.40)	-0.476*** (8.78)	-0.417*** (7.56)
Diff_B/M	1.455*** (13.03)	1.577*** (7.07)	1.395*** (10.33)	1.566*** (10.53)
Avg_B/M	-3.524*** (21.25)	-4.056*** (13.05)	-3.373*** (16.58)	-3.902*** (18.45)
Diff_CFO	0.523*** (193.64)	0.568*** (117.51)	0.515*** (151.20)	0.550*** (168.12)
Avg_CFO	-0.215*** (43.42)	-0.275*** (29.58)	-0.217*** (34.45)	-0.235*** (38.75)
Diff_Std_REV	-0.043*** (5.64)	-0.029* (1.68)	-0.055*** (5.92)	-0.019* (1.83)

续表

	是否属于同一省份		地方政府意愿	
	否	是	差异高	差异低
Avg_Std_REV	0.097 *** (6.95)	0.096 *** (3.05)	0.117 *** (6.90)	0.069 *** (3.57)
Diff_Std_CFO	0.014 (0.90)	-0.062 * (1.69)	0.029 (1.55)	-0.036 (1.64)
Avg_Std_CFO	0.084 *** (2.99)	0.316 *** (4.75)	0.066 * (1.94)	0.187 *** (4.63)
Diff_Std_REVG	-0.236 *** (4.41)	0.207 * (1.70)	-0.338 *** (5.09)	0.013 (0.18)
Avg_Std_REVG	0.610 *** (6.83)	-0.201 (1.01)	0.795 *** (7.21)	0.143 (1.19)
Diff_LossProb	-0.607 *** (5.33)	0.112 (0.46)	-0.717 *** (5.27)	-0.122 (0.77)
Avg_LossProb	1.608 *** (9.12)	1.291 *** (3.36)	1.568 *** (7.41)	1.612 *** (6.53)
行业 & 年度	控制	控制	控制	控制
调整 R^2	0.349	0.418	0.338	0.388
样本	88 678	24 380	56 398	56 660

注：(1) 括号内为 t 统计量。

(2) *** 、** 和 * 代表的双尾显著性水平分别为 1% 、5% 和 10% 。

2.5.3 分所层次的审计风格

基于审计失败的研究已从侧面证实审计风格在分所层次的存在性（Francis and Michas，2012；Li et al.，2017），这种一致的审计风格应该能够在一定程度上缓解政策不确定性差异的影响。为对此进行检验，我们按配对组合是否属于同一分所将样本分为两组①。

① 同一分所的配对组合中来自同省的样本为 19 344 个，来自异省的样本为 17 014 个。

由于少数公司/年样本未提供签字注册会计师信息，因而无法追踪其分所信息，这部分的样本量较上文减少388个。表2-7报告了分组回归结果。*Diff_Change* 在同一分所样本回归中的估计系数为0.016，不显著区别于0；在不同分所样本回归中的估计系数为0.143，在1%的水平上显著为正。这说明，政策不确定性差异对分所层次审计风格无显著影响。

表2-7 分所层次审计风格的影响

	同一分所		不同分所	
	估计系数	t	估计系数	t
截距	9.462***	(8.67)	11.214***	(13.95)
Diff_Change	0.016	(0.28)	0.143***	(3.75)
*Same_Big*10	-0.309***	(-5.05)	-0.353***	(-7.07)
Avg_Abn_Acc	-0.138***	(-17.18)	-0.109***	(-20.13)
Diff_Lev	-0.392**	(-2.09)	-0.055	(-0.43)
Avg_Lev	0.456*	(1.75)	1.581***	(8.80)
Diff_Size	-0.073*	(-1.70)	-0.017	(-0.57)
Avg_Size	-0.453***	(-6.77)	-0.466***	(-9.86)
Diff_B/M	1.373***	(7.89)	1.502***	(12.35)
Avg_B/M	-3.556***	(-14.44)	-3.656***	(-20.15)
Diff_CFO	0.559***	(139.36)	0.521***	(178.57)
Avg_CFO	-0.239***	(-31.16)	-0.221***	(-41.51)
Diff_Std_REV	-0.025*	(-1.93)	-0.047***	(-5.56)
Avg_Std_REV	0.065***	(2.81)	0.112***	(7.33)
Diff_Std_CFO	-0.026	(-0.95)	0.014	(0.81)
Avg_Std_CFO	0.209***	(4.22)	0.079***	(2.61)
Diff_Std_REVG	-0.123	(-1.42)	-0.199***	(-3.36)
Avg_Std_REVG	0.326**	(2.31)	0.551***	(5.56)

续表

	同一分所		不同分所	
	估计系数	t	估计系数	t
Diff_LossProb	-0.253	(-1.32)	-0.597***	(-4.87)
Avg_LossProb	1.910***	(6.44)	1.361***	(7.17)
行业 & 年度	控制		控制	
调整 R^2	0.402		0.345	
样本	36 358		76 700	

注：（1）括号内为t统计量。
（2）***、**和*代表的双尾显著性水平分别为1%、5%和10%。

2.5.4 稳健性检验

首先，我们以 *Rank_Change* 和 *Dum_Change* 重新定义政策不确定性差异，重复上文的分析。具体而言，如果配对的两个公司所在地级市均发生市委书记变更，则 *Rank_Change* =2；如果只有1个公司所在地级市发生市委书记变更，则 *Rank_Change* =1；如果均无数据变更，则 *Rank_Change* =0。如果配对的两个公司所在地级市均未发生市委书记变更，则 *Dum_Change* =0；其他情况，*Dum_Change* =1。表2-8报告了简要的回归结果。在回归1中，*Rank_Change* 的估计系数为0.120，在1%的水平上显著为正；在回归2中，*Dum_Change* 的估计系数为0.204，也在1%的水平上显著为正。这说明，改变政策不确定性差异的定义并不会影响我们的结果。

表2-8　政策不确定性差异的不同定义对结果的影响

	回归1	回归2
截距	10.237*** (16.61)	10.191*** (16.53)
Rank_Change	0.120*** (5.25)	

续表

	回归1	回归2
Dum_Change		0. 204 *** (6. 22)
*Same_Big*10	-0. 322 *** (-8. 35)	-0. 325 *** (-8. 43)
Avg_Abn_Acc	-0. 118 *** (-26. 24)	-0. 118 *** (-26. 22)
Diff_Lev	-0. 152 (-1. 45)	-0. 153 (-1. 46)
Avg_Lev	1. 243 *** (8. 43)	1. 250 *** (8. 47)
Diff_Size	-0. 036 (-1. 47)	-0. 037 (-1. 49)
Avg_Size	-0. 458 *** (-11. 89)	-0. 459 *** (-11. 90)
Diff_B/M	1. 452 *** (14. 59)	1. 451 *** (14. 58)
Avg_B/M	-3. 593 *** (-24. 62)	-3. 582 *** (-24. 54)
Diff_CFO	0. 534 *** (226. 22)	0. 534 *** (226. 23)
Avg_CFO	-0. 226 *** (-51. 87)	-0. 226 *** (-51. 86)
Diff_Std_REV	-0. 040 *** (-5. 72)	-0. 040 *** (-5. 70)
Avg_Std_REV	0. 097 *** (7. 64)	0. 097 *** (7. 61)
Diff_Std_CFO	0. 003 (0. 24)	0. 004 (0. 25)
Avg_Std_CFO	0. 113 *** (4. 36)	0. 113 *** (4. 38)

续表

	回归 1	回归 2
Diff_Std_REVG	-0.176 *** (-3.60)	-0.176 *** (-3.60)
Avg_Std_REVG	0.482 *** (5.95)	0.484 *** (5.98)
Diff_LossProb	-0.501 *** (-4.86)	-0.498 *** (-4.83)
Avg_LossProb	1.508 *** (9.45)	1.511 *** (9.47)
Controls	控制	控制
行业 & 年度	控制	控制
调整 R^2	0.363	0.363
样本	113 058	113 058

注：(1) 括号内为 t 统计量。
(2) *** 、** 和 * 代表的双尾显著性水平分别为 1%、5% 和 10%。

其次，本章控制变量主要借鉴 Francis et al.（2014）。稳健性检验中，我们增加了一些控制变量，包括流动资产中速动资产所占比率（*qratio*）、总资产中应收账款与存货占比（*invrec*）、产权性质（*soe*）、审计师任期（*tenure*）等，表 2-9 所报告的结果与上文一致。

表 2-9　　　　增加控制变量之后的结果

	回归 1		回归 2		回归 3	
截距	10.173 ***	(15.94)	9.558 ***	(15.36)	10.043 ***	(15.68)
Diff_Change	0.106 ***	(3.38)	0.107 ***	(3.40)	0.106 ***	(3.39)
Same_Big10	-0.331 ***	(8.61)	-0.327 ***	(8.49)	-0.325 ***	(8.42)
Avg_Abn_Acc	-0.112 ***	(24.79)	-0.112 ***	(24.83)	-0.112 ***	(24.73)
Diff_Lev	-0.149	(1.21)	-0.125	(1.19)	-0.148	(1.20)
Avg_Lev	0.861 ***	(4.19)	1.196 ***	(8.08)	0.862 ***	(4.19)

续表

	回归1		回归2		回归3	
Diff_Size	-0.064***	(2.61)	-0.059**	(2.39)	-0.065***	(2.64)
Avg_Size	-0.435***	(11.15)	-0.423***	(10.90)	-0.443***	(11.32)
Diff_B/M	1.415***	(14.24)	1.460***	(14.68)	1.420***	(14.27)
Avg_B/M	-3.645***	(24.80)	-3.593***	(24.60)	-3.641***	(24.75)
Diff_CFO	0.533***	(225.29)	0.534***	(225.89)	0.533***	(225.11)
Avg_CFO	-0.222***	(50.38)	-0.221***	(50.51)	-0.222***	(50.35)
Diff_Std_REV	-0.038***	(5.35)	-0.037***	(5.28)	-0.037***	(5.31)
Avg_Std_REV	0.093***	(7.26)	0.091***	(7.15)	0.092***	(7.17)
Diff_Std_CFO	0.006	(0.42)	0.007	(0.51)	0.007	(0.47)
Avg_Std_CFO	0.110***	(4.25)	0.107***	(4.12)	0.112***	(4.30)
Diff_Std_REVG	-0.191***	(3.90)	-0.191***	(3.90)	-0.197***	(4.02)
Avg_Std_REVG	0.507***	(6.22)	0.516***	(6.35)	0.524***	(6.42)
Diff_LossProb	-0.559***	(5.42)	-0.548***	(5.31)	-0.559***	(5.42)
Avg_LossProb	1.485***	(9.15)	1.580***	(9.88)	1.473***	(9.08)
Diff_qratio	0.015	(0.64)			0.015	(0.61)
Avg_qratio	-0.095**	(2.29)			-0.090**	(2.18)
Diff_invrec	1.850***	(12.12)			1.833***	(12.00)
Avg_invrec	-0.818***	(4.21)			-0.802***	(4.12)
Diff_tenure			0.106***	(3.43)	0.097***	(3.13)
Avg_tenure			0.101***	(2.76)	0.087**	(2.38)
Diff_soe			-0.026	(0.84)	-0.028	(0.90)
行业 & 年度	控制		控制		控制	
调整 R^2	0.363		0.363		0.364	
样本	112 638		112 638		112 638	

注：（1）括号内为t统计量。

（2）***、**和*代表的双尾显著性水平分别为1%、5%和10%。

最后，在表 2-5 至表 2-7 的分组检验中，两组样本的样本量存在比较大的差异，由此可能会引发对选择性偏差的担忧。为排除这一问题的影响，我们进行了随机化分组检验。具体而言，我们将样本随机分为 4 组，取其中 1 组为前 1/4 部分，另外 3 组为后 3/4 部分。另外，我们将样本随机分为 3 组，取其中 1 组为前 1/3 部分，另外 2 组为后 2/3 部分。表 2-10 报告了随机化分组的检验结果。可以看到，在无明确划分标准的随机化分组中，*Diff_Change* 在两组回归中的估计系数均显著为正。这说明，表 2-5 至表 2-7 的结果是由其所关注因素引起的，而不是随机结果。

表 2-10　随机化分组的稳健性检验

	1:3 分组		1:2 分组	
	前 1/4	后 3/4	前 1/3	后 2/3
截距	9.095*** (7.29)	10.634*** (14.99)	9.254*** (8.07)	10.676*** (14.60)
Diff_Change	0.150** (2.40)	0.090** (2.48)	0.165*** (2.90)	0.079** (2.11)
*Same_Big*10	-0.386*** (-5.00)	-0.309*** (-6.94)	-0.394*** (-5.60)	-0.299*** (-6.50)
Avg_Abn_Acc	-0.114*** (-12.74)	-0.119*** (-22.87)	-0.113*** (-13.76)	-0.120*** (-22.26)
Diff_Lev	0.118 (0.56)	-0.242** (-2.00)	0.041 (0.22)	-0.234* (-1.87)
Avg_Lev	1.265*** (4.28)	1.247*** (7.32)	1.300*** (4.84)	1.234*** (6.99)
Diff_Size	-0.051 (-1.03)	-0.033 (-1.17)	-0.033 (-0.75)	-0.039 (-1.34)
Avg_Size	-0.382*** (-4.93)	-0.482*** (-10.85)	-0.397*** (-5.62)	-0.484*** (-10.51)
Diff_B/M	1.462*** (7.35)	1.454*** (12.65)	1.454*** (8.01)	1.456*** (12.23)

续表

	1：3 分组		1：2 分组	
	前 1/4	后 3/4	前 1/3	后 2/3
Avg_B/M	-3.450 *** (-11.83)	-3.644 *** (-21.61)	-3.493 *** (-13.13)	-3.637 *** (-20.82)
Diff_CFO	0.532 *** (112.28)	0.534 *** (196.23)	0.533 *** (123.61)	0.534 *** (189.27)
Avg_CFO	-0.224 *** (-25.72)	-0.227 *** (-44.95)	-0.220 *** (-27.59)	-0.228 *** (-43.81)
Diff_Std_REV	-0.032 ** (-2.25)	-0.043 *** (-5.36)	-0.034 *** (-2.66)	-0.043 *** (-5.15)
Avg_Std_REV	0.084 *** (3.29)	0.103 *** (6.99)	0.082 *** (3.50)	0.105 *** (6.90)
Diff_Std_CFO	0.037 (1.26)	-0.006 (-0.36)	0.022 (0.84)	-0.003 (-0.16)
Avg_Std_CFO	0.043 (0.82)	0.132 *** (4.45)	0.081 * (1.69)	0.123 *** (3.99)
Diff_Std_REVG	-0.087 (-0.90)	-0.203 *** (-3.60)	-0.083 (-0.93)	-0.213 *** (-3.66)
Avg_Std_REVG	0.425 *** (2.64)	0.494 *** (5.27)	0.412 *** (2.79)	0.505 *** (5.20)
Diff_LossProb	-0.847 *** (-4.08)	-0.401 *** (-3.38)	-0.911 *** (-4.80)	-0.340 *** (-2.77)
Avg_LossProb	1.878 *** (5.82)	1.409 *** (7.67)	1.844 *** (6.25)	1.389 *** (7.31)
Controls	控制	控制	控制	控制
行业 & 年度	控制	控制	控制	控制
调整 R^2	0.357	0.365	0.358	0.364
样本	28 252	84 806	33 942	79 116

注：(1) 括号内为 t 统计量。
(2) *** 、** 和 * 代表的双尾显著性水平分别为 1% 、5% 和 10% 。

2.6 研究结论

本章以上市公司所在地级市党政主要负责人是否发生变更来衡量经济政策不确定性，考察同一事务所的审计风格是否因审计客户所面临的经济政策不确定性不同而发生变化。基于 2006—2017 年的大样本分析表明，经济政策不确定性会削弱审计风格。具体表现在，同一事务所在同一年度所审计的同行业的配对公司的可操纵应计的差异与配对公司的经济政策不确定性差异显著正相关。进一步的分析显示，审计师的行业专长可以缓解经济政策不确定性对审计风格的影响，地域因素也会影响两者关系，而同一分所审计的配对公司之间的会计信息可比性受经济政策不确定性的影响比较弱。

第3章 注册会计师非理性因素对审计风格的影响

本章采用2013—2015年我国环保部公布的各主要城市空气质量数据，检验了空气质量对审计师专业判断的影响。结果发现，审计师外勤工作地的空气质量越差，其专业判断能力就越差，即更容易接受较高的异常会计估计和判断；在其他条件相同的情况下，更不容易出具非标准无保留意见的审计报告。进一步的分析显示，空气质量对审计师专业判断的影响主要发生在空气污染受到普遍关注的年度，主要存在于有空气污染的样本和会计师事务所所在地与被审计单位总部所在地空气质量存在差异的情形。这说明，影响审计师专业判断的并非空气污染程度本身，而是审计师对空气污染的感知。我们还发现，空气污染对审计专业判断的影响是通过审计努力发挥作用的。

3.1 引言

现有文献表明，空气质量等外部环境因素会影响人的情绪。如Zhang et al.（2017）针对中国各地区的调查数据表明，空气污染会降低人们的幸福感知度，情绪更容易悲观。郭永济和张谊浩（2016）发现，空气质量会通过情绪、政策和预期等渠道影响股票市场参与者，并最终影响股票市场价格。那么，作为独立客观公正的审计师，其专业判断是否会受到空气质量的影响呢？这就是本章试图讨论的问题。

根据现有文献，我们很难就空气质量对审计师专业判断的影响做出一致预期。一方面，空气污染引发的负面情绪可能导致审计师很悲观，降低其对公司业绩表现的预期和判断，使其专业判断更加保守（Chung et al.，2008）。具体表现在，只能接受比较保守的会计处理方法，更容易出具非标准无保留意见的审计报告。另一方面，负面情绪可能降低审计师的认知能力、工作效率和信息收集处理能力，进而降低其职业怀疑或专业判断能力。在这种情况下，审计师可能更容易接受客户的激进会计处理方法，更不容易出具非标准无保留意见的审计报告，也即专业判断更加激进。

我们收集了 2013—2015 年我国环保部公布的各主要城市空气质量数据，检验了空气质量对审计师专业判断的影响。我们的研究结果不支持空气污染引发的悲观情绪会带来悲观专业判断的假说。相反，我们发现，审计师外勤工作时被审计单位总部所在地的空气质量越差，被审计单位的会计利润就越激进，审计师出具非标准无保留意见报告的可能性就越小，也即空气污染可能降低审计师的专业判断能力，使其更容易接受提高公司利润的会计估计和判断，更容易出具激进的审计报告。

与本章类似，Chen，Peng and Zeng（2017）采用 2003—2014 年的中国上市公司数据，发现空气污染会降低审计师出具非标准无保留意见审计报告的可能性，并且与客户的可操控性应计利润的绝对值和财务报表重述显著正相关。他们的研究结论是空气污染会降低审计师的工作效率，从而降低审计质量。

但是，正如我们在本章第三部分研究设计中指出，我国的《环境空气质量标准》从 1996 年就开始修订，到 2012 年 2 月进行了第三次修订，新标准从 2012 年才开始在重点区域和省会直辖市实施，

2013 年才开始在全国 113 个环境保护重点城市等展开。因此，2012 年以前和 2012 年以后的空气质量标准是不同的，将不同的空气质量标准混在一起研究会降低研究结果的可信度。此外，中国的空气质量问题从 2013 年起才引起社会的普遍关注（百度搜索指数从接近于 0 攀升至 3 112），因此，不同时期个体主观感受到的空气质量问题可能也是不同的。

我们采用 2013—2015 年的样本数据，去掉了采用不同标准的年度，数据的可信度更高。我们也重复了 Chen，Peng and Zeng（2017）的研究，将样本数据划分为 2011 年及以前和 2013 年及以后。我们发现，空气质量对审计专业判断的影响在 2011 年及以前并不显著。这一方面证实了我们有关空气质量感知的推论；另一方面也证实了我们前面的猜测，即将具有不同特点的期间混在一起研究并不合适。除此以外，与 Chen，Peng and Zeng（2017）不同，我们不仅关注空气质量对工作效率的影响，更关注空气质量感知对个体带来的负面情绪造成的影响，丰富了有关审计情绪作用的研究。

本章的研究结果揭示了审计决策与一般决策的不同。虽然现有的实验研究结果认为，审计师情绪越悲观，其专业判断也越悲观（如 Bhattacharjee and Moreno，2002，2013）。但是，审计专业判断不是个人单方决策的结果，而是要求多个审计师共同工作，遵守审计准则和所在会计师事务所的执业标准，共同收集整理审计证据，然后根据审计证据做出专业判断。在现实的审计决策环境下，审计专业判断会受被审计单位内部控制环境和经营环境的影响。对这些环境风险的判断，需要审计师与被审计单位的沟通交流。我们发现，环境污染带来的负面情绪影响了审计师的努力程度，即影响了其审计证据的收集整理工作，而审计努力的下降则影响其认知能力和专业判断能力，使审计结果更加有利于公司。

进一步的分析显示，空气质量对审计师专业判断的这种影响只存在于空气污染样本，而且主要发生在会计师事务所所在地与客户总部所在地空气质量存在差异的样本中。这进一步支持了我们的推论，即影响审计师专业判断的是其感知的空气污染。我们的研究结果还表明，空气污染是通过审计努力发挥作用的。审计努力在空气污染与会计决策激进度的关系中，发挥了部分中介作用，在空气污染与审计报告激进度的关系中，发挥了完全中介效应。而且，空气污染对审计师专业判断的影响也弱化了会计师事务所的整体审计风格。

本章的可能理论贡献是：

第一，拓展了审计师情绪对审计决策的影响研究。现有关于个体情绪对审计工作的影响研究大多是在实验环境下进行的。问题是，现实的审计工作并不处于真空的环境之下，最终的审计工作结果还需要与被审计单位进行沟通和交流，也不是审计师个人单方面决策的结果，这就使审计师情绪对审计决策的最终影响可能与实验结果不同。我们的实证研究结果弥补了实验研究的不足，为个体情绪对审计师行为影响的研究提供了新的证据。

第二，在 Chen，Peng and Zeng（2017）研究成果的基础上，揭示了空气污染影响审计师专业判断的主要机制。Chen，Peng and Zeng（2017）虽然也发现了空气污染对审计决策的影响，但是，他们的主要理论基础是工作效率假说，也即空气污染影响了审计工作效率。但是，为什么这种工作效率下降会让审计师做出激进的审计决策却没有解释清楚。本章从心理学的相关理论出发，结合审计工作的特点，对此进行了探讨，指出空气污染通过审计师情绪影响审计师专业判断能力的作用机制，让我们对空气污染对审计师行为的影响有了进一步的认识。

本章的实践意义在于：一方面，有助于我们更好地了解个人情绪在审计师专业判断中的作用，从而让审计师意识到这个问题。心理学研究结果表明，如果让决策者意识到某一因素会影响其判断，则该因素对其决策的影响就会减弱，这样就可能降低个人情绪在今后审计实务中发生作用的可能性（Chung et al.，2008）。另一方面，也有助于广大学者和审计质量监控部门更好地研究探讨如何能够有效地避免个人情绪对审计工作的影响。

本章的后续内容安排如下：第二部分是文献综述和研究假说；第三部分是研究设计；第四部分是实证研究结果；第五部分是稳健性检验；第六部分是进一步的分析；第七部分是本章的研究结论。

3.2 文献综述和研究假说

空气污染为什么会影响审计师的专业判断？本章先从空气污染对个体生理健康、心理健康和决策行为的影响入手，然后再讨论其对审计师专业判断的可能影响。

3.2.1 空气污染对个体生理健康、心理健康和决策行为的影响

首先，空气污染，尤其是颗粒物（particulate mater，PM）会对人类的生理健康产生负面影响。世界卫生组织公布的《全球疾病负担报告》已经把空气污染列入全球排名前10位的致病风险因素之一。医学研究表明，空气污染会引发心血管疾病和呼吸系统疾病[①]，提高死亡率（Beatty and Shimshack，2014；Chen et al.，2013；Franklin et al.，2015）。

其次，现有心理学的研究结果表明，空气污染会给人类的社会行为和心理健康带来负面影响。这些影响包括给个体带来焦虑、沮

① 据媒体报道，2013年1月，北京儿童医院曾在一天内接收了7 000多位患儿，其中大部分都患上了呼吸道疾病，这个比率创下了当时的历史新高。

丧和冷漠等负面情绪（Evans et al.，1987，1988）；使人产生悲观心理进而降低幸福感（Welsch，2006；Zhang et al.，2017）；促使个体减少日常户外活动（Noonan，2014）；增加青少年犯罪率（Haynes et al.，2011）；提高个体精神崩溃的可能性；出现更多的自杀行为（Kim et al.，2010；Yackerson et al.，2014；Bakian et al.，2015）；导致更多的违法犯罪和不道德行为（Lu et al.，2018）等。世界卫生组织针对27个国家的调查也表明，空气污染会降低个体生活质量（Darçın，2014）。

最后，空气污染可能会影响人类的信息处理能力。如空气污染会增加人类出现认知缺陷和大脑畸形的概率（Calderón-Garcidueñas，2008）；空气污染会降低人的认知能力（Isen，2001；Fonken et al.，2011；Weuve et al.，2012；Colicino et al.，2016）；空气污染会影响个人情绪，进而影响其信息处理能力（Ackert et al.，2003）、判断能力（Frijda，1988；Schwarz and Clore，1983）和决策能力（Etzioni，1988）。比如，在焦虑情绪下，民众辨别骗局的能力会下降（Depaulo，1994）。

3.2.2 空气污染对审计师专业判断的影响

鉴于空气污染对个体生理健康、心理健康和决策行为的可能影响，空气污染也可能对审计师的决策行为产生影响，主要表现在：

第一，空气污染带来的负面情绪可能会让审计师比较悲观，很难接受公司激进的会计处理方法，专业判断趋于保守。这是因为：

其一，悲观者更容易做出悲观决策。Rotton（1983）和Morris（2000）发现，积极向上者更容易做出乐观决策，消极失落者更容易做出悲观决策。现有研究还发现，这种个人情绪对决策判断的影响不仅仅存在于一般决策领域，还存在于专业分析领域。如Chang and Hsu（2015）发现，节假日来临时，在节日所带来的乐观情绪影响下，分析师预测的乐观偏差比较大，准确度比较低。Chen，

Chen，Podolski and Veeraraghavan（2017）发现，管理层业绩预告披露前14天内公司总部所在地的平均光照会影响管理层情绪，平均光照时间越长，管理者披露的业绩预告就越乐观。

其二，审计专业判断也会受悲观情绪的影响而变得保守。如Chung et al.（2008）采用实验研究方法，发现积极乐观的审计师（以阅读更多积极信息来衡量）会在进行专业判断时，采纳更多与其乐观情绪相一致的信息，从而对存货价值做出更加乐观的估计。这就是情绪维护理论（mood maintenance theory），即乐观者会通过规避困难或不愉快状况的方法来维护其乐观情绪；反之亦然。

综上所述，悲观情绪可能让审计师搜集更多悲观证据，使其对客户本年及未来业绩预期更加悲观。具体来说，审计师可能很难接受乐观的会计估计和判断，从而导致被审计公司的可操控性应计利润更加保守，被出具非标准无保留意见审计报告的可能性也更大。为此，本章提出了第一个研究假说：

H1a：在其他条件相同的情况下，审计师外勤工作地的空气质量越差，审计专业判断就越保守。

第二，空气污染带来的紧张、焦虑、沮丧等负面情绪，可能让审计师更加担心自己的健康问题，使其工作态度变得相对消极。在这种情况下，可能由于以下问题的出现而降低审计师的信息收集和处理能力，导致其职业怀疑能力和专业判断能力下降，从而在与客户的谈判中处于劣势，更容易接受公司乐观激进的会计政策。这是因为：

其一，空气污染对个体生理健康的影响可能会让审计师比较焦虑，从而试图通过减少外勤工作时间的方式来降低其伤害。Noonan（2014）发现，空气污染可能让个体减少户外活动时间；Eisenbach and Schmalz（2016）发现，个体对即期风险的厌恶程度要大于对远期风险的厌恶程度。对于审计师来说，在眼前的健康威胁下，可能会有意识或无意识地缩短外勤工作时间，优先规避眼前的健康风险。Chen，Peng and Zeng（2017）也通过经验证据发现，空气污染越严重，审计师花费的审计时间就越短。

其二，空气污染带来的紧张、焦虑和沮丧等负面情绪可能降低审计师的认知能力和信息处理能力，从而降低其职业怀疑能力和专业判断能力。根据“有限关注”假说（Peng and Xiong，2006），对自身健康风险的关注可能会分散投资者的注意力。空气污染所带来的负面情绪也会降低决策者的认知能力和创造力，减少决策者的信息收集和处理活动。如 Dehaan et al.（2017）发现，正在经历坏天气的分析师的活动水平显著下降，表现在他们对上市公司盈余公告的反应速度比较慢，甚至无反应。Dong and Heo（2014）对分析师报告的研究也支持了“有限关注”假说，他们发现，当纽约和新泽西地区的流感暴发时，分析师获取信息的能力明显受限，其研究报告中包含的私人信息有所减少。同理，空气污染也可能降低审计师的认知能力和信息处理能力。

其三，空气污染带来的悲观情绪可能降低审计师的职业风险意识，减少其对审计风险的关注。心理学研究表明，积极乐观的人会更加谨慎，具有更强的自我保护意识（Nygren et al.，1996）。如 Jidin et al.（2014）发现，对自身工作满意的审计师，由于了解激进专业判断的潜在风险和后果，所以会在评估客户存货价值时做出更加稳健的专业判断。

其四，空气污染带来的焦虑情绪可能降低审计师的职业道德水准，从而更容易与被审计单位合谋，接受客户乐观激进的会计处理方法。如 Lu et al.（2018）发现，空气污染会让人更加焦虑，从而更容易发生违反道德或违法的行为。体现在审计领域，则可能会增加审计合谋的可能性，降低会计信息质量。

其五，空气污染带来的负面影响可能降低审计师的工作积极性，加上前述因素共同导致的职业怀疑能力和专业判断能力下降，使其在与客户的沟通交流中处于相对劣势，进而更容易接受被审计单位的判断，做出更有利于被审计单位的专业判断。

与其他决策过程不同，在审计决策中，审计师需要与客户进行大量的沟通和交流，需要了解客户的内部控制和所处环境，甚至在进行审计专业判断时，也需要与客户进行协商和谈判（Antle and Nalebuff，1991；宋衍蘅，2011）。虽然外勤地的空气污染会同时影响审计师和被审计单位工作人员，但是，我们认为空气污染对审计师的影响应该远远大于对被审计单位工作人员的影响。这主要是因为：

①两者的工作量不同。被审计单位工作人员常年在公司所在地工作，对工作环境熟悉，工作内容也不是集中在审计师的外勤工作期间处理。因此，在审计师的外勤工作期间，被审计单位工作人员的工作量不会额外增加很多。相反，对于审计师而言，所有重要外勤工作都需要在外勤期间完成，相对而言，外勤期间的工作量更大。

②两者承受的工作强度和压力不同。两者的谈判议题是被审计单位的财务报告，财务报告是被审计单位工作人员的日常工作结果，其内容是被审计单位工作人员所熟悉的。因此，外勤期间被审计单位工作人员所承受的工作强度和压力相对较小。对于审计人员来说，来到一个相对陌生的工作环境，要在短时间内发现问题，工作强度和压力更大。

③两者对空气污染的感知不同。在同样的空气污染水平下，审计师和被审计单位工作人员感知到的空气污染程度可能是不同的，受到的负面影响程度也可能存在差异。这是因为，审计师通常来自于外地，可能会对被审计单位所在地的空气污染更加敏感，从而变得更加焦虑、紧张和沮丧，可能会有尽快结束审计工作离开空气污染地的冲动。相反，审计师的外勤地就是被审计单位工作人员的常住地，被审计单位工作人员无法逃脱，相对来讲，更能接受空气污

染。因此，空气污染对其带来的焦虑、紧张和沮丧等负面情绪可能相对较弱。

在这种情况下，空气污染带来的工作效率和工作质量下降可能会降低审计师的谈判能力，使审计师更容易接受被审计单位的财务报告。

综上所述，我们认为，空气污染带来的负面情绪可能让审计师更容易接受客户的乐观估计，使其审计专业判断更加激进。具体影响机制如图3-1所示。

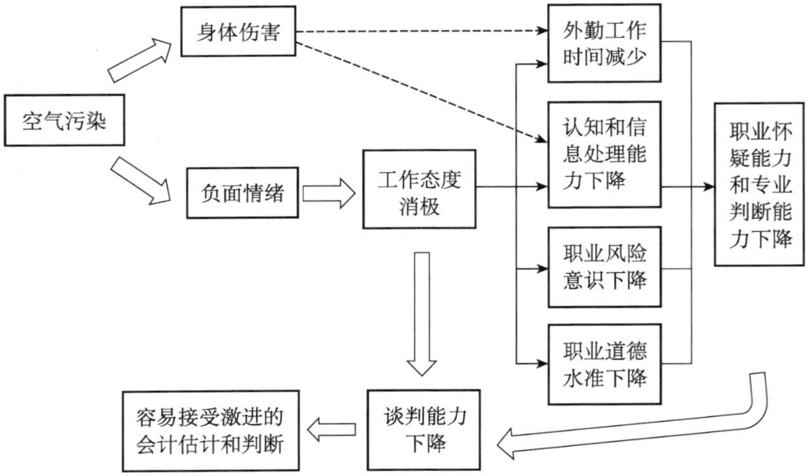

图3-1　空气污染对审计师专业判断的影响机制

为此，本章提出了与假说H1a完全相反的对立假说H1b：

H1b：在其他条件相同的情况下，审计师外勤工作地的空气质量越差，审计专业判断就越激进。

3.3 研究设计

3.3.1 样本期间

我国的《环境空气质量标准》首次发布于1982年，1996年第一次修订，2000年第二次修订，2012年第三次修订，第一批实施新空气质量标准的城市为74个。2013年初，北京、河北等地遭遇严重雾霾天气，空气质量首次受到全民关注（穆泉和张世秋，2013）。图3－2的百度搜索指数表明，2011年1月—2012年12月，“空气质量”的搜索指数几乎平稳地接近于0。2013年初起，空气质量搜索指数开始攀升，2013年1月13—19日的周平均值达到3 112。2013年是新空气质量标准实施的第一年，由于以前年度不同城市的空气质量标准不一致，且部分城市（比如北京、上海、深圳和广州等地）数据缺失，因此，我们以2013—2015年审计年度作为样本研究期间，对应的空气质量数据则延长至2016年。

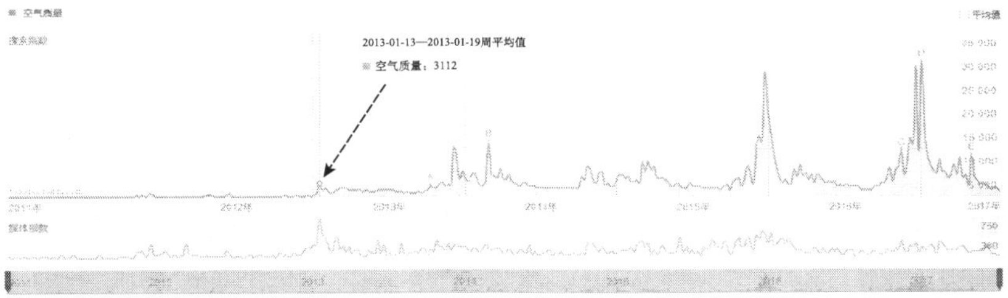

图3－2 百度空气质量搜索指数

3.3.2 空气质量与审计决策

（1）空气质量

我们以审计报告日前28天公司总部所在地的平均空气质量等级或指数衡量审计外勤工作地的空气质量，分别命名为*Grade28*和*AQI28*①。这些变量的取值越大，空气污染越严重②。其中，空气质量数据来自环保部数据中心③。

（2）审计专业判断

我们用现有研究中常用的会计利润激进度和审计报告激进度来衡量审计师的专业判断特点。

①会计利润激进度。我们用可操控性应计利润衡量会计利润激进度。具体而言，我们采用截面修正琼斯模型来估计可操控性应计利润（*AbnAccr*），并调整了经营业绩的影响（Kothari et al.，2005）。具体方法如下：

首先，根据每个行业每年的数据用模型（3.1）估计φ_1、φ_2和φ_3。

$$TotalAccr_{i,t}/Asset_{i,t-1}=\varphi_1(1/Asset_{i,t-1})+\varphi_2[(\Delta REV_{i,t}-\Delta AR_{i,t})/Asset_{i,t-1}]+\varphi_3(PPE_{i,t}/Asset_{i,t-1})+\varphi_4 ROA_{i,t-1}+\varepsilon_{i,t} \tag{3.1}$$

---

① 假设A公司总部在北京，审计报告日为2015年2月15日，我们首先找到北京市2015年1月25日—2月14日（2015年为19天）的空气质量日数据，其中，包括空气质量指数和等级，然后取这28天内空气质量日数据的平均值，其中，空气质量等级日数据的平均值定义为*Grade28*，空气质量指数日数据的平均值定义为*AQI28*。

② 按照我国的空气质量标准，空气质量指数（AQI）≤50为优秀，等级（Grade）为1级；51≤AQI≤100为良好，Grade为2级；101≤AQI≤150为轻度污染，Grade为3级；151≤AQI≤200为中度污染，Grade为4级；201≤AQI≤300为重度污染，Grade为5级；AQI>300为严重污染，Grade为6级。因此，空气质量指数或等级的取值越大，空气污染越严重。

③ http：//datacenter. mep. gov. cn

其中，*TotalAccr* 表示总应计项目（营业利润 + 财务费用 - 投资收益 - 经营活动产生的现金净流量）；ΔREV 是当年营业收入的增加额；ΔAR 是当年应收账款的增加额；*PPE* 表示当年末的固定资产原值；*Asset* 表示总资产；i 和 t 分别代表样本公司和年度。

然后，将每家样本公司的每年数据带入相关行业的回归模型中，得到模型（3.1）的残差，即是调整业绩影响以后的各公司修正琼斯模型下的可操纵应计（*AbnAccr*）。*AbnAccr* 的取值越高，表明会计利润的激进度越高，即审计专业判断越激进。

②审计报告激进度。我们以异常非标意见的概率衡量审计报告激进度。具体而言，我们借鉴 Gul et al.（2013）以及吴伟荣等（2017）的研究，首先采用模型（3.2）来预测审计师发表非标审计意见的可能性（*Predicted_MAO*）。

$$\begin{aligned} Prob(MAO_{i,t}) = {} & \lambda_0 + \lambda_1 Quick_{i,t} + \lambda_2 AR_{i,t} + \lambda_3 OtherR_{i,t} \\ & + \lambda_4 Inventory_{i,t} + \lambda_5 ROA_{i,t} + \lambda_6 Loss_{i,t} + \lambda_7 LEV_{i,t} \\ & + \lambda_8 Size_{i,t} + \lambda_9 ListAge_{i,t} + Industry\ Fixed\ Effects \\ & + \varepsilon_{i,t} \end{aligned} \tag{3.2}$$

其中，*MAO* 为虚拟变量，表示年报审计意见。如果审计师发表了非标意见，则为 1，否则为 0。控制变量包括速动比率（*Quick*）、应收账款比率（*AR*）、其他应收款比率（*OtherR*）、存货比率（*Inventory*）、盈利水平（*ROA*）、是否亏损（*Loss*）、资产负债率（*LEV*）、公司规模（*Size*）、上市年限（*ListAge*）和行业固定效应（*Industry Fixed Effects*）。

然后，根据模型（3.2）按年度回归得到的估计系数计算每个样本的 *Predicted_MAO*，再按模型（3.3）定义审计报告激进度：

$$ARAgg_{i,t} = Predicted\_MAO_{i,t} - MAO_{i,t} \tag{3.3}$$

因此，*ARAgg* 的取值越高，表明审计报告的激进程度越高，即审计专业判断越激进。

（3）回归模型

我们用模型（3.4）和模型（3.5）考察空气质量对审计决策激进度的影响：

$$AbnAccr_{i,t} = \alpha_0 + \alpha_1 AirQuality_{i,t} + Controls + \varepsilon_{i,t} \quad (3.4)$$

$$ARAgg_{i,t} = \beta_0 + \beta_1 AirQuality_{i,t} + Controls + \eta_{i,t} \quad (3.5)$$

其中，*AirQuality* 代表空气质量，分别对应 *Grade*28 和 *AQI*28；*Controls* 为控制变量，其选取标准主要借鉴 Francis et al.（2014）。由于 Francis et al.（2014）未考察审计报告激进度，我们在对比审计报告激进度文献（比如，Gul et al.，2013；吴伟荣等，2017）后控制了存货比率（*Inventory*）。各变量的具体定义见表 3－1。

我们预计，如果空气污染带来的负面情绪使审计师更加悲观和保守，即假说 H1a 成立，那么，在模型（3.4）和模型（3.5）的回归中，α_1 和 β_1 的估计系数应该显著为负。反过来，如果负面情绪降低了审计师的外勤工作时间、工作效率或认知能力，进而影响了其职业怀疑能力或专业判断能力，导致其更容易接受被审计单位激进的会计估计和判断，那么，在模型（3.4）和模型（3.5）的回归中，α_1 和 β_1 的估计系数应该显著为正。

表 3－1　变量定义

变量	定义
A：审计决策激进度	
AbnAccr	可操控性应计利润，计算方法见模型（3.1），用于衡量会计利润激进度
ARAgg	异常非标意见的概率，计算方法见模型（3.2）和模型（3.3），用于衡量审计报告激进度
B：空气质量	
*Grade*28	审计报告日前 28 天内审计客户公司总部所在地级市空气质量等级日数据的平均值；取值越大，空气污染越严重
*AQI*28	审计报告日前 28 天内审计客户公司总部所在地级市空气质量指数（取自然对数）日数据的平均值；取值越大，空气污染越严重

续表

变量	定义
C：控制变量	
LEV	资产负债率
B/M	账面市值比
CFO	经营活动现金流/期初总资产
Size	上年末总资产自然对数
Std_REV	过去 16 个季度主营业务收入（以亿元为单位）的标准差
Std_CFO	过去 16 个季度经营活动净现金流（以亿元为单位）的标准差
Std_REVG	过去 16 个季度主营业务收入增长率的标准差
LossProb	过去 16 个季度中净利润为负数的季度所占比重
Big4	审计师为国际四大会计师事务所时取值为 1；否则取值为 0
Dom8	审计师为国内八大会计师事务所时取值为 1；否则取值为 0。国内八大会计师事务所按中注协百强榜排名
Inventory	存货占总资产的比例

3.4 实证分析结果

3.4.1 样本

我们以 2013—2015 年 A 股公司为样本，去掉金融业公司、ST 公司、当年发生审计师变更的公司以及分析所需其他数据不全的公司，最终得到 4 823 个公司/年数据，在分析审计报告激进度时，样本量进一步缩减为 4 631 个。研究所用空气质量数据来自环保部网站，其他数据来自 CSMAR 数据库。

3.4.2 描述统计

表3－2给出了变量的描述统计（所有连续变量均已在1%和99%分位数处进行了缩尾处理），*Grade*28的均值为2.265 0，表明大部分样本的空气污染程度并不严重。不过，从Q1和Q3的分布来看，不同样本的空气质量还是存在一定的差异，为本书的研究提供了基础。*Big*4的均值为0.057 0，*Dom*8的均值为0.630 9，说明大部分上市公司由国内八大会计师事务所审计，由国际四大会计师事务所审计的比例并不高。

表3－2 变量的描述统计

变量	样本量	均值	中位数	标准差	Q1	Q3	最小值	最大值
AbnAccr	4 823	0.000 4	－0.000 9	0.070 6	－0.037 1	0.034 9	－0.210 5	0.234 1
ARAgg	4 631	0.012 4	0.012 1	0.159 6	0.004 5	0.034 8	－0.999 1	0.904 4
*Grade*28	4 823	2.265 0	2.214 3	0.502 9	1.928 6	2.571 4	1.285 7	3.703 7
*AQI*28	4 823	4.397 3	4.401 6	0.265 7	4.234 1	4.580 3	3.796 8	5.044 5
LEV	4 823	0.462 4	0.456 8	0.209 1	0.297 9	0.624 3	0.061 5	0.904 7
B/M	4 823	0.388 6	0.326 8	0.261 0	0.203 3	0.501 5	0.031 0	1.352 8
CFO	4 823	0.046 4	0.045 7	0.084 2	0.002 3	0.092 4	－0.225 9	0.303 6
Size	4 823	8.343 8	8.162 8	1.264 6	7.459 0	9.064 4	5.801 7	12.145 6
Std_REV	4 823	0.046 8	0.013 5	0.095 6	0.005 7	0.039 5	0.000 9	0.643 2
Std_CFO	4 823	2.801 0	1.046 3	5.273 6	0.475 8	2.496 8	0.091 8	35.120 5
Std_REVG	4 823	1.117 3	0.314 4	4.004 4	0.192 7	0.617 3	0.068 3	36.094 4
LossProb	4 823	0.160 5	0.062 5	0.209 8	0	0.250 0	0	0.937 5
*Big*4	4 823	0.057 0	0	0.231 9	0	0	0	1
*Dom*8	4 823	0.630 9	1	0.482 6	0	1	0	1
Inventory	4 631	0.168 4	0.122 3	0.161 1	0.068 4	0.203 4	0.000 0	0.745 8

表3－3给出了主要变量的相关系数。审计决策激进度的两个指标与空气质量指标之间的相关系数均显著为正，初步证实了假说

表3-3　　主要变量的相关系数矩阵

变量	*AbnAccr*	*ARAgg*	*Grade28*	*AQI28*	*LEV*	*B/M*	*CFO*	*Size*	*Std_REV*	*Std_CFO*	*Std_REVG*	*LossProb*	*Big4*	*Dom8*
ARAgg	-0.017													
Grade28	0.036**	0.030**												
AQI28	0.037**	0.026*	0.980***	1.000										
LEV	-0.009	0.087***	0.051***	0.054***	1.000									
B/M	0.032**	-0.058***	0.132***	0.130***	0.237***	1.000								
CFO	-0.693***	-0.027*	-0.003	-0.005	-0.197***	-0.037***	1.000							
Size	0.014	-0.060***	0.061***	0.055***	0.495***	0.586***	0.028**	1.000						
Std_REV	-0.015	-0.061***	0.049***	0.039***	0.345***	0.365***	0.009	0.670***						
Std_CFO	-0.010	-0.039***	0.051***	0.040***	0.352***	0.393***	0.013	0.723***	0.828***					
Std_REVG	0.045***	-0.045***	0.035**	0.037***	0.082***	-0.040***	-0.073***	-0.028*	0.063***	0.005				
LossProb	-0.030**	0.035**	0.010	0.014	0.234***	-0.089***	-0.225***	-0.138***	-0.044***	-0.063***	0.158***			
Big4	-0.028*	-0.010	0.015	0.001	0.103***	0.215***	0.062***	0.376***	0.377***	0.435***	-0.040***	-0.061***		
Dom8	0.007	-0.017	-0.076***	-0.076***	-0.018	-0.048***	0.005	-0.068***	-0.078***	-0.097***	-0.011	-0.004	-0.322***	
Inventory	0.089***	0.051***	-0.011	-0.012	0.348***	0.098***	-0.261***	0.176***	0.121***	0.179***	0.205***	0.001	-0.014	-0.008

注：（1）表中报告的是皮尔森相关系数。

（2）***、** 和 * 代表的显著性水平分别为1%、5%和10%。

H1b。比如，*AbnAccr* 和 *Grade*28 的相关系数为0.036，在5%的水平上显著为正。

值得一提的是，表3-3中部分变量相关系数的绝对值超过0.5，使模型可能存在严重的多重共线性问题。为此，我们对模型进行了VIF检验。未在本书中记录的结果显示，各解释变量的VIF均不超过5，说明我们的模型不存在严重的多重共线性问题。

3.4.3 回归结果

表3-4报告了多元回归结果。在表3-4的回归（2）中，*Grade*28 的估计系数为0.004 9，在1%的水平上显著为正；在回归（5）中，*Grade*28 的估计系数为0.011 6，在5%的水平上显著为正。这说明，在控制了其他因素以后，空气污染程度仍然与审计决策激进度显著正相关。换句话说，本章的假说H1b得到了支持。即空气污染主要通过减少外勤工作时间，或降低外勤工作效率，或降低审计师的认知能力，影响了其职业怀疑能力或专业判断能力，而不是通过负面情绪引起的悲观偏差影响其专业判断。

表3-4　　空气质量与审计决策的激进度

	A：会计利润激进度			B：审计报告激进度		
	(1)	(2)	(3)	(4)	(5)	(6)
截距	0.000 7 (0.05)	-0.009 8 (0.62)	-0.039 6* (1.95)	0.088 2** (2.06)	0.063 1 (1.44)	0.009 3 (0.15)
*Grade*28		0.004 9*** (3.13)			0.011 6** (2.24)	
*AQI*28			0.009 3*** (3.50)			0.018 2* (1.76)
LEV	-0.052 2*** (10.57)	-0.052 3*** (10.67)	-0.052 4*** (10.71)	0.115 9*** (4.67)	0.115 6*** (4.63)	0.115 4*** (4.63)
B/M	-0.016 2*** (3.67)	-0.016 8*** (3.64)	-0.016 9*** (3.67)	-0.004 4 (0.32)	-0.005 8 (0.42)	-0.005 8 (0.42)

续表

	A：会计利润激进度			B：审计报告激进度		
	(1)	(2)	(3)	(4)	(5)	(6)
CFO	-0.688 0*** (44.19)	-0.687 9*** (44.29)	-0.687 9*** (44.23)	0.017 2 (0.53)	0.018 0 (0.55)	0.017 9 (0.55)
Size	0.009 0*** (4.55)	0.008 9*** (4.50)	0.008 9*** (4.50)	-0.018 3*** (3.29)	-0.018 6*** (3.37)	-0.018 5*** (3.35)
Std_REV	-0.014 8 (1.20)	-0.013 7 (1.14)	-0.013 6 (1.12)	-0.143 7 (1.63)	-0.141 8 (1.61)	-0.141 8 (1.60)
Std_CFO	-0.000 1 (0.22)	-0.000 1 (0.28)	-0.000 1 (0.28)	0.001 7 (1.34)	0.001 7 (1.32)	0.001 7 (1.33)
Std_REVG	0.001 0*** (4.43)	0.001 0*** (4.21)	0.001 0*** (4.19)	-0.002 0** (2.00)	-0.002 1** (2.07)	-0.002 1** (2.07)
LossProb	-0.057 7*** (12.13)	-0.057 8*** (12.03)	-0.057 8*** (12.01)	-0.002 5 (0.10)	-0.002 8 (0.11)	-0.002 7 (0.11)
Big4	0.000 7 (0.21)	0.001 1 (0.34)	0.001 2 (0.38)	0.022 1** (2.12)	0.023 1** (2.24)	0.023 2** (2.23)
Dom8	0.001 2 (0.72)	0.001 6 (1.03)	0.001 6 (1.04)	-0.005 1 (0.81)	-0.004 1 (0.67)	-0.004 2 (0.69)
Inventory				0.091 8*** (2.61)	0.092 6*** (2.64)	0.092 3*** (2.63)
年度 & 行业	控制	控制	控制	控制	控制	控制
$Adj\text{-}R^2$	0.569 4	0.570 4	0.570 4	0.035 5	0.036 5	0.036 1
N	4 823	4 823	4 823	4 631	4 631	4 631

注：(1) 回归中控制了城市层面的 cluster 效应。

(2) *、** 和 *** 代表的显著性水平分别为 10%、5% 和 1%。

3.5 稳健性检验

3.5.1 内生性检验

我们虽然发现空气污染程度会影响审计师的专业判断，但是，两者之间存在因果关系的理论基础不是很直接。空气污染既可能通过影响审计师情绪而影响其专业判断，也可能与其他非审计师心理因素相关联，而这些因素导致了审计师更加谨慎。如空气污染比较严重的地区，通常也可能是市场化程度比较低，或者经济不发达，或者政府干预比较多的地区。这些制度背景可能导致公司的会计利润比较激进（朱松和夏冬林，2009）。

也就是说，表3－4的结果可能是地区差异，而不是空气质量差异引起的。为检验这一可能性是否存在，我们采用了两种方法。

（1）基于资产负债表日前空气质量数据检验

以资产负债表日之前28天的空气质量数据计算*Grade*28和*AQI*28，重复表3－4的回归。结果报告如表3－5所示。

在回归1中，*Grade*28的估计系数为－0.002 2，不显著区别于0，说明资产负债表日前的空气质量并未显著影响会计利润激进度。类似地，在回归4中，*AQI*28的估计系数为－0.008 5，也不显著区别于0，说明资产负债表日前的空气质量也未显著影响审计报告激进度。

表3－5的回归结果表明，对审计师专业判断有影响的空气质量问题发生在审计师外勤工作期间，而不是其他可能日期。这说明空气质量对会计和审计报告结果的影响受地区制度背景因素影响的可能性较小。

表3-5 基于资产负债表日前空气质量数据的检验

	A：会计利润激进度		B：审计报告激进度	
	回归1	回归2	回归3	回归4
截距	0.019 7 (1.17)	0.040 0* (1.76)	0.126 0** (2.32)	0.154 9** (2.00)
Grade28	-0.002 2 (1.10)		-0.003 8 (0.53)	
AQI28		-0.005 7 (1.28)		-0.008 5 (0.58)
LEV	-0.051 3*** (8.24)	-0.051 3*** (8.23)	0.100 6*** (3.58)	0.100 6*** (3.58)
B/M	-0.022 2*** (2.95)	-0.022 2*** (2.94)	-0.014 7 (0.83)	-0.014 7 (0.83)
CFO	-0.685 7*** (32.53)	-0.685 7*** (32.51)	-0.032 6 (1.09)	-0.032 6 (1.09)
Size	0.009 1*** (3.52)	0.009 1*** (3.52)	-0.016 2** (2.17)	-0.016 2** (2.17)
Std_REV	-0.016 4 (1.22)	-0.016 4 (1.21)	-0.122 7 (1.01)	-0.122 7 (1.01)
Std_CFO	0.000 0 (0.03)	0.000 0 (0.03)	0.002 1 (1.28)	0.002 1 (1.28)
Std_REVG	0.001 2*** (5.03)	0.001 2*** (5.03)	-0.003 2** (2.53)	-0.003 2** (2.53)
LossProb	-0.057 8*** (9.50)	-0.057 8*** (9.50)	-0.018 6 (0.67)	-0.018 6 (0.67)
Big4	0.000 9 (0.24)	0.000 9 (0.24)	0.012 3 (1.29)	0.012 3 (1.29)
Dom8	0.000 2 (0.10)	0.000 2 (0.10)	0.000 5 (0.07)	0.000 5 (0.07)
Inventory			0.056 2 (1.47)	0.056 2 (1.47)

续表

	A：会计利润激进度		B：审计报告激进度	
	回归 1	回归 2	回归 3	回归 4
年度 & 行业	控制	控制	控制	控制
Adj-R^2	0. 553 6	0. 553 7	0. 028 4	0. 028 4
N	3 515	3 515	3 384	3 384

注：（1）回归中控制了城市层面的 cluster 效应。

（2）*、** 和 *** 代表的显著性水平分别为 10%、5% 和 1%。

（2）城市固定效应检验

李小飞等（2014）发现，城市大气环境质量在地域上表现为由南到北、从沿海到内陆逐渐变差的趋势；艾小青等（2017）提出，产业结构会影响空气质量。我们认为，这些因素在短期内（至少在我们这个 3 年的样本期内）发生重大变化的可能性比较小，因此，我们可以用城市层面的固定效应来解决可能的内生性问题。研究结果见表 3－6。

表 3－6　城市固定效应的影响

	A：会计利润激进度		B：审计报告激进度	
	回归 1	回归 2	回归 3	回归 4
截距	－0. 007 1 (0. 59)	－0. 045 6 (1. 61)	0. 038 9 (0. 96)	－0. 035 7 (－0. 38)
Grade28	0. 005 8 ** (1. 98)		0. 016 4 * (1. 70)	
AQI28		0. 011 7 ** (1. 98)		0. 025 6 (1. 31)
LEV	－0. 052 8 *** (11. 52)	－0. 052 8 *** (11. 52)	0. 094 4 *** (5. 82)	0. 094 5 *** (5. 83)
B/M	－0. 017 0 *** (4. 30)	－0. 017 0 *** (4. 32)	－0. 019 6 (1. 47)	－0. 019 7 (1. 47)

续表

	A：会计利润激进度		B：审计报告激进度	
	回归1	回归2	回归3	回归4
CFO	-0.691 6*** (76.41)	-0.691 4*** (76.39)	0.029 0 (0.91)	0.029 4 (0.92)
Size	0.008 8*** (7.91)	0.008 8*** (7.90)	-0.013 8*** (3.66)	-0.013 8*** (3.68)
Std_REV	-0.010 9 (0.76)	-0.011 0 (0.77)	-0.148 9*** (3.13)	-0.149 0*** (3.13)
Std_CFO	-0.000 1 (0.45)	-0.000 1 (0.45)	0.002 2** (2.41)	0.002 2** (2.42)
Std_REVG	0.001 1*** (5.85)	0.001 1*** (5.84)	-0.002 7*** (4.32)	-0.002 7*** (4.33)
LossProb	-0.056 2*** (14.51)	-0.056 3*** (14.53)	-0.003 5 (0.24)	-0.003 5 (0.25)
Big4	0.001 6 (0.44)	0.001 6 (0.46)	0.013 0 (1.07)	0.013 2 (1.09)
Dom8	0.001 1 (0.62)	0.001 0 (0.61)	0.001 8 (0.32)	0.001 7 (0.31)
Inventory			0.082 5*** (3.85)	0.082 5*** (3.86)
年度 & 行业	控制	控制	控制	控制
Within-R^2	0.567 1	0.567 1	0.040 5	0.040 3
N	4 823	4 823	4 631	4 631

注：*、** 和 *** 代表的显著性水平分别为 10%、5% 和 1%。

表3-6的回归1中，*Grade*28的估计系数为0.005 8，在5%的水平上显著为正；回归2中，*AQI*28的估计系数为0.011 7，也在5%的水平上显著为正。这说明在控制城市固定效应后，空气质量仍显著影响会计利润激进度。回归3中，*Grade*28的估计系数为0.016 4，在10%的水平上显著为正；回归4中，*AQI*28的估计系数为0.025 6，t=1.31，未达到显著性水平。这说明在控制城市固定

效应后，空气质量会影响审计报告激进度，但并不总是显著。不过，总体而言，在控制城市固定效应后，我们的主要结果基本不受影响。

3.5.2 变更空气质量的度量方法

稳健性检验中，我们以审计报告日之前21天、35天和42天的客户公司总部所在地级市空气质量等级和指数日数据衡量空气质量，重复表3－4的回归分析，未在本书中记录的结果与上文一致。

3.5.3 控制潜在的遗漏变量

如前所述，本章控制变量的选取主要借鉴Francis et al.(2014)。稳健性检验中，我们借鉴Gul et al.(2013)，增加了产权性质、审计师任期、客户重要性等变量，重复表3－4的回归，虽然样本量较表3－4减少，但未在本书中记录的结果与上文一致。

3.6 进一步的分析

3.6.1 空气质量与空气质量感知

在文献回顾中可以看出，现有研究对空气污染后果的讨论，包括对个体生理健康的影响（如Beatty and Shimshack，2014）和对个体情绪的影响（如Welsch，2006）两个方面。那么，空气污染对审计师专业判断的影响原因是什么？是因为影响了个体生理健康导致工作能力下降，还是因为带来了负面情绪导致工作能力下降？对于这个问题的回答，将有助于我们进一步了解空气污染对审计师专业判断产生影响的机理，也能进一步了解审计师情绪在审计工作中的作用。

由于空气污染对个体生理健康和情绪的影响相互交织，很难区分，因此，我们试图利用准自然实验的不同情况下，空气污染对审计师专业判断的影响差异来进行分析。我们认为，如果空气污染是通过影响审计师的身体健康发挥作用的，那么，其对审计师专业判断的影响不应随时间或空间的变化而变化；如果空气污染是通过影响审计师的情绪发挥作用的，那么，只有当审计师能够感受到不同程度的空气污染时，空气污染才会对其专业判断产生显著影响。以下三个准自然实验为我们区分空气污染与空气污染感知提供了可能：

（1）空气质量受到社会公众普遍关注与没有受到普遍关注时的影响差异

如图3－2所示，2012年以前，百度“空气质量”的搜索指数几乎平稳地接近于0。2013年初起，空气质量搜索指数开始攀升，空气污染开始引起了社会的普遍关注。我们认为，如果在没有得到社会公众的普遍关注时，空气污染对审计师专业判断没有显著影响，那么，就能在一定程度上说明影响审计师专业判断的，是审计师感知的空气污染对个人情绪带来的负面影响，而不是空气污染本身对个人身体伤害带来的影响。

表3－7列示了2006—2011年空气污染对审计师专业判断的影响。表3－7研究样本不包括2012年，是因为在2012年2月中国《环境空气质量标准》进行了第三次修订，因此，2012年前后的空气质量标准可能不同，进而导致该年的空气质量数据不可比。另外，我们的控制变量需要过去16个季度的数据，而A股公司2003年才开始提供季度报表，所以我们的样本起始年度为2006年。

从表3－7可以看出，在2006—2011年这一社会公众尚未普遍意识到空气质量问题的样本期内，空气质量对审计师专业判断并无显著影响。比如，在回归（2）中，*Grade*28的估计系数为－0.000 7，对应的t＝0.21；在回归（6）中，*AQI*28的估计系数为

-0.015 9，对应的 t = 1.08。我们认为，这个结果可以在一定程度上证明，表3-4所发现的空气质量对审计师专业判断的影响可能主要源于审计师对空气质量问题的感知，而并非空气污染对身体的直接伤害。

表3-7　空气质量与审计决策的激进度：2006—2011年样本

	A：会计利润激进度			B：审计报告激进度		
	(1)	(2)	(3)	(4)	(5)	(6)
截距	0.005 1 (0.41)	0.006 5 (0.45)	0.003 0 (0.14)	0.139 1 *** (2.74)	0.168 3 *** (3.24)	0.206 9 *** (2.76)
Grade28		-0.000 7 (0.21)			-0.014 7 (1.41)	
AQI28			0.000 5 (0.11)			-0.015 9 (1.08)
LEV	-0.070 5 *** (10.44)	-0.070 5 *** (10.42)	-0.070 6 *** (10.45)	0.154 0 *** (5.76)	0.155 0 *** (5.84)	0.155 2 *** (5.86)
B/M	-0.031 0 *** (6.90)	-0.031 0 *** (6.89)	-0.031 0 *** (6.90)	-0.002 2 (0.22)	-0.002 3 (0.22)	-0.002 0 (0.20)
CFO	-0.735 5 *** (60.68)	-0.735 4 *** (60.77)	-0.735 5 *** (60.90)	0.010 7 (0.29)	0.012 3 (0.33)	0.011 8 (0.32)
Size	0.010 5 *** (5.97)	0.010 5 *** (5.96)	0.010 5 *** (5.97)	-0.032 6 *** (6.52)	-0.032 5 *** (6.38)	-0.032 6 *** (6.45)
Std_REV	0.031 3 * (1.95)	0.031 3 * (1.94)	0.031 3 * (1.95)	0.036 1 (1.38)	0.035 3 (1.39)	0.036 0 (1.41)
Std_CFO	-0.001 3 ** (2.50)	-0.001 3 ** (2.50)	-0.001 3 ** (2.50)	0.001 6 ** (2.01)	0.001 6 * (1.97)	0.001 6 * (1.94)
Std_REVG	0.000 6 *** (4.82)	0.000 6 *** (4.86)	0.000 6 *** (4.84)	-0.000 6 (1.41)	-0.000 6 (1.35)	-0.000 6 (1.36)
LossProb	-0.073 5 *** (11.36)	-0.073 5 *** (11.30)	-0.073 4 *** (11.30)	0.048 5 (1.58)	0.047 7 (1.56)	0.048 0 (1.57)
Big4	0.005 8 (1.19)	0.005 7 (1.16)	0.005 8 (1.18)	-0.003 8 (0.41)	-0.005 1 (0.53)	-0.004 8 (0.51)

续表

	A：会计利润激进度			B：审计报告激进度		
	(1)	(2)	(3)	(4)	(5)	(6)
Dom8	-0.000 8 (0.40)	-0.000 8 (0.39)	-0.000 8 (0.40)	-0.014 5** (2.49)	-0.014 4** (2.42)	-0.014 4** (2.42)
Inventory				0.012 2 (0.41)	0.012 0 (0.41)	0.011 9 (0.41)
年度 & 行业	控制	控制	控制	控制	控制	控制
Adj-R^2	0.638 6	0.638 5	0.638 5	0.075 0	0.075 5	0.075 2
N	4 251	4 251	4 251	3 997	3 997	3 997

注：（1）回归中控制了城市层面的 cluster 效应。
（2）*、** 和 *** 代表的显著性水平分别为 10%、5% 和 1%。

（2）空气质量受到个体关注与没有受到个体关注时的影响差异——空气污染是否存在的影响不同

我们认为，个体对空气污染的关注可能随空气质量的变化而变化。在空气质量是优或者良的时候，个体可能并不会关注空气质量问题。因此，如果是空气质量感知带来的负面情绪对审计师专业判断产生影响，此时，空气质量就不应该影响审计师的专业判断。

表 3-8 中，如果审计报告结束日前 28 天内的空气质量等级均为优或良，定义为“无污染”样本；否则，定义为“有污染”样本。

表 3-8 中 A 栏报告了会计利润激进度的回归结果。在无污染样本中，*Grade*28 和 *AQI*28 在回归中的估计系数均不显著区别于 0；在有污染样本中，*Grade*28 和 *AQI*28 在回归中的估计系数分别为 0.004 1 和 0.008 4，均在 5% 的水平上显著为正。这说明，空气质量对被审计单位会计利润激进度的影响主要发生在有污染样本中。

表 3-8 中 B 栏报告了审计报告激进度的回归结果。在无污染样本中，*Grade*28 和 *AQI*28 在回归中的估计系数均不显著区别于 0；

表 3-8 空气质量与审计决策的激进度：区分有无空气污染

	A：会计利润激进度				B：审计报告激进度			
	无污染 (1)	有污染 (2)	无污染 (3)	有污染 (4)	无污染 (5)	有污染 (6)	无污染 (7)	有污染 (8)
截距	-0.035 7 (1.10)	-0.006 8 (0.39)	-0.096 6 (1.35)	-0.034 4 (1.40)	0.014 2 (0.14)	0.068 4 (1.57)	0.063 7 (0.29)	-0.023 5 (0.40)
Grade28	0.018 3 (1.60)	0.004 1** (2.09)			-0.041 7 (1.17)	0.016 9*** (3.12)		
AQI28			0.022 4 (1.32)	0.008 4** (2.24)			-0.027 7 (0.52)	0.029 7*** (2.71)
LEV	-0.065 7*** (5.38)	-0.050 6*** (9.91)	-0.065 3*** (5.35)	-0.050 7*** (9.94)	0.052 8 (1.34)	0.124 9*** (4.49)	0.051 6 (1.31)	0.124 5*** (4.49)
B/M	-0.034 5*** (2.79)	-0.015 6*** (3.38)	-0.034 3*** (2.77)	-0.015 7*** (3.41)	0.028 1 (0.73)	-0.010 3 (0.71)	0.026 3 (0.68)	-0.010 5 (0.73)
CFO	-0.693 1*** (28.98)	-0.690 3*** (43.99)	-0.692 7*** (28.95)	-0.690 2*** (43.93)	0.026 8 (0.36)	0.012 6 (0.35)	0.024 2 (0.33)	0.012 6 (0.35)
Size	0.010 7*** (3.16)	0.008 6*** (4.08)	0.010 8*** (3.19)	0.008 6*** (4.08)	-0.009 4 (0.89)	-0.020 1*** (3.36)	-0.009 8 (0.93)	-0.020 0*** (3.35)
Std_REV	-0.059 1 (1.58)	-0.004 8 (0.36)	-0.059 3 (1.58)	-0.004 8 (0.35)	-0.022 4 (0.20)	-0.168 8* (1.67)	-0.020 6 (0.18)	-0.168 7* (1.67)

续表

	A：会计利润激进度				B：审计报告激进度			
	无污染 （1）	有污染 （2）	无污染 （3）	有污染 （4）	无污染 （5）	有污染 （6）	无污染 （7）	有污染 （8）
Std_CFO	0.000 4 （0.53）	−0.000 1 （0.39）	0.000 4 （0.51）	−0.000 1 （0.38）	−0.001 5 （0.72）	0.002 3 （1.63）	−0.001 4 （0.67）	0.002 3 （1.63）
Std_REVG	0.000 6 （0.90）	0.001 0 *** （4.04）	0.000 6 （0.91）	0.001 0 *** （4.02）	0.001 2 （0.55）	−0.002 4 ** （2.19）	0.001 2 （0.55）	−0.002 4 ** （2.19）
LossProb	−0.060 2 *** （5.53）	−0.057 6 *** （11.49）	−0.060 2 *** （5.53）	−0.057 6 *** （11.48）	0.048 0 （1.38）	−0.008 4 （0.31）	0.047 0 （1.35）	−0.008 4 （0.31）
Big4	−0.000 5 （0.06）	0.001 3 （0.35）	−0.000 9 （0.10）	0.001 3 （0.37）	0.014 4 （0.46）	0.022 4 ** （2.09）	0.016 8 （0.54）	0.022 6 ** （2.09）
Dom8	0.001 9 （0.41）	0.001 7 （1.13）	0.001 6 （0.35）	0.001 7 （1.13）	−0.011 1 （0.75）	−0.003 8 （0.57）	−0.009 6 （0.65）	−0.003 9 （0.58）
Inventory					0.175 8 *** （3.34）	0.085 2 ** （2.48）	0.170 5 *** （3.25）	0.084 8 ** （2.47）
年度 & 行业	控制	控制	控制	控制	控制	控制	控制	控制
Adj-R^2	0.563 9	0.571 1	0.563 3	0.571 1	0.022 2	0.039 3	0.020 5	0.038 7
N	672	4 151	672	4 151	649	3 982	649	3 982

注：（1）回归（2）、（4）、（6）、（8）控制了城市层面的 cluster 效应，回归（1）、（3）、（5）、（7）因部分城市只有 1 个样本，未控制 cluster 效应。

（2）*、** 和 *** 代表的显著性水平分别为 10%、5% 和 1%。

在有污染样本中，*Grade*28 和 *AQI*28 在回归中的估计系数分别为 0.016 9 和 0.029 7，均在 1% 的水平上显著为正。这说明，空气质量对被审计报告激进度的影响主要发生在有污染样本中。

（3）空气质量受到个体关注与没有受到个体关注时的影响差异——审计师常住地与被审计单位所在地空气质量是否存在差异时的影响不同

19 世纪末美国康奈尔大学科学家做过的著名“青蛙实验”表明，个体对渐变过程会有一个适应性和习惯性。如果审计师常住地（即会计师事务所所在地）和被审计单位所在地空气质量并无差异，那么，审计师对新工作地点空气质量的关注度会降低，对空气质量的感知也会较弱。如果审计师常住地与被审计单位所在地空气质量存在差异，那么，审计师对空气质量问题就会更加敏感。因此，如果是空气质量感知带来的负面情绪影响了审计师的专业判断，我们预计，空气质量对存在差异的样本的影响更加显著。

表 3 - 9 列示了审计师常住地与被审计单位空气质量是否存在差异时，空气质量对审计师专业判断的影响差异。

在表 3 - 9 中，当审计师常住地和上市公司所在地的空气质量无差异时，空气质量对会计利润激进度无显著影响。比如，在回归（1）中，*Grade*28 的估计系数为 0.002 4，t = 1.40。当两地的空气质量存在差异时，上市公司所在地的空气质量会显著影响会计利润激进度。比如，在回归（2）中，*Grade*28 的估计系数为 0.006 7，t = 3.08。不过，在针对审计报告激进度的回归中，两组样本的结果与预期并不一致。因此，表 3 - 9 只部分证实了空气质量感知的影响。

综上所述，由于空气质量对审计师专业判断的影响只在 2013 年以后（即空气质量受到社会公众普遍关注时）才显著，且只存在于有空气污染的样本，对会计利润激进度的影响主要存在于会计师事务所所在地与被审计单位总部所在地空气质量存在差异的情况，

表3-9　空气质量与审计决策的激进度：事务所与上市公司所在地的空气质量有无差异

	A：会计利润激进度				B：审计报告激进度			
	无差异 (1)	有差异 (2)	无差异 (3)	有差异 (4)	无差异 (5)	有差异 (6)	无差异 (7)	有差异 (8)
截距	0.011 2 (0.52)	-0.019 5 (1.15)	-0.002 0 (0.09)	-0.062 2 ** (2.43)	0.048 2 (0.81)	0.120 8 ** (2.01)	0.015 8 (0.24)	0.107 8 (1.27)
Grade28	0.002 4 (1.40)	0.006 7 *** (3.08)			0.008 3 * (1.83)	0.003 6 (0.48)		
AQI28			0.004 3 (1.37)	0.013 2 *** (3.26)			0.011 6 (1.22)	0.004 8 (0.32)
LEV	-0.052 3 *** (6.94)	-0.052 3 *** (6.37)	-0.052 4 *** (6.95)	-0.052 4 *** (6.38)	0.082 9 ** (2.49)	0.145 9 *** (4.37)	0.082 2 ** (2.48)	0.146 1 *** (4.38)
B/M	-0.015 4 ** (2.17)	-0.018 6 *** (3.07)	-0.015 4 ** (2.17)	-0.018 9 *** (3.13)	-0.019 1 (1.07)	0.003 0 (0.16)	-0.019 1 (1.07)	0.003 1 (0.16)
CFO	-0.692 7 *** (34.69)	-0.682 6 *** (30.91)	-0.692 7 *** (34.69)	-0.682 6 *** (30.89)	0.042 9 (0.77)	-0.015 4 (0.43)	0.043 1 (0.77)	-0.015 6 (0.44)
Size	0.007 2 ** (2.48)	0.009 7 *** (4.52)	0.007 2 ** (2.47)	0.009 8 *** (4.53)	-0.010 2 (1.31)	-0.025 3 *** (3.60)	-0.010 1 (1.29)	-0.025 2 *** (3.59)
Std_REV	-0.000 3 (0.02)	-0.011 7 (0.74)	-0.000 2 (0.01)	-0.011 6 (0.73)	-0.059 3 (1.50)	-0.190 4 (1.31)	-0.058 4 (1.47)	-0.190 9 (1.32)

续表

	A：会计利润激进度				B：审计报告激进度			
	无差异 (1)	有差异 (2)	无差异 (3)	有差异 (4)	无差异 (5)	有差异 (6)	无差异 (7)	有差异 (8)
Std_CFO	-0.000 2 (0.62)	0.000 1 (0.26)	-0.000 2 (0.62)	0.000 1 (0.27)	0.000 7 (0.71)	0.002 3 (1.06)	0.000 7 (0.71)	0.002 3 (1.06)
Std_REVG	0.001 7 *** (5.82)	0.000 5 (1.62)	0.001 7 *** (5.84)	0.000 5 (1.59)	-0.002 6 (1.39)	-0.001 8 (1.43)	-0.002 6 (1.39)	-0.001 8 (1.42)
LossProb	-0.058 2 *** (9.68)	-0.058 5 *** (7.96)	-0.058 1 *** (9.67)	-0.058 6 *** (7.98)	0.068 9 ** (2.38)	-0.053 8 (1.52)	0.069 3 ** (2.39)	-0.053 9 (1.52)
Big4	-0.000 4 (0.08)	0.002 0 (0.42)	-0.000 3 (0.06)	0.002 0 (0.43)	-0.019 1 *** (3.04)	0.057 5 *** (3.79)	-0.019 3 *** (2.96)	0.057 6 *** (3.79)
Dom8	-0.001 5 (0.63)	0.003 3 (1.46)	-0.001 5 (0.63)	0.003 2 (1.43)	-0.022 0 *** (2.96)	0.006 2 (0.66)	-0.022 3 *** (2.90)	0.006 2 (0.66)
Inventory					0.064 0 (1.55)	0.073 9 (1.42)	0.064 1 (1.56)	0.073 6 (1.41)
年度 & 行业	控制	控制	控制	控制	控制	控制	控制	控制
$Adj\text{-}R^2$	0.578 6	0.564 0	0.578 6	0.564 2	0.043 5	0.046 1	0.043 1	0.046 1
N	2 227	2 553	2 227	2 553	2 136	2 453	2 136	2 453

注：（1）回归中控制了城市层面的 cluster 效应。
（2）*、** 和 *** 代表的显著性水平分别为 10%、5% 和 1%。

因此，本书认为，空气质量影响审计师专业判断的主要原因是空气质量感知对个体情绪带来的负面影响。

3.6.2 空气质量对审计专业判断的影响机制

根据假说H1b的逻辑，可以推测审计努力是空气污染和审计师专业判断之间的传导路径。但是，我们很难取得审计工时的准确数字。参考现有文献（如Hope et al.，2017；刘笑霞等，2016；徐露莹等，2017），我们用审计延迟替代审计工时来表示审计师的努力程度。

参考Baron and Kenny（1986）、权小锋等（2015）、蒋德权等（2018）的Sobel中介因子检验方法，我们对审计努力路径的检验链条是：空气污染—审计努力—审计师专业判断，以空气污染对被审计单位会计利润激进度的影响为例，设定路径模型Path a、Path b、Path c如下：

$$AbnAccr_{i,t} = \alpha_0 + \alpha_1 AirQuality_{i,t} + Controls + \varepsilon_{i,t} \quad \text{(Path a)}$$

$$Effort_{i,t} = \beta_0 + \beta_1 AirQuality_{i,t} + Controls + \eta_{i,t} \quad \text{(Path b)}$$

$$AbnAccr_{i,t} = \gamma_0 + \gamma_1 AirQuality_{i,t} + \gamma_2 Effort_{i,t} + Controls + \varepsilon_{i,t} \quad \text{(Path c)}$$

其中，*Effort*表示审计努力，是审计报告日与会计期间结束日之间的时间间隔（取自然对数）。路径模型Path a和Path c的控制变量与模型（3.4）和模型（3.5）相同。路径模型Path b的控制变量设计参考Hope et al.（2017）等，包括：ROA = 净利润/总资产；LOSS为虚拟变量，亏损为1，否则为0；CLEV = 流动资产/总资产；QRATIO = （流动资产 - 存货）/流动负债；INVREC = （应收账款 + 存货）/总资产；GROWTH = 总资产增长率。此外，我们还控制了*LEV*，*B/M*，*Size*，*Big*4，*Dom*8，这些变量的定义见表3-1。

按照Baron and Kenny（1986）的研究方法，检验审计努力对空气污染和审计师专业判断之间的关系是否具有中介效应分三步进行：

第一，检验空气质量（*Grade*28 和 *AQI*28）对审计师专业判断（*AbnAccr* 和 *ARAgg*）的影响，观察路径模型 Path a 的回归系数 α_1；

第二，检验空气质量对审计努力（*Effort*）的影响，观察路径模型 Path b 的回归系数 β_1；

第三，同时，检验空气质量和审计努力对审计师专业判断的影响，观察路径模型 Path c 的回归系数 γ_1 和 γ_2。

中介效应是否存在的判断方法：①如果路径模型 Path a 的估计系数 α_1 显著，且 Path b 的估计系数 β_1 显著，且 Path c 的估计系数 γ_2 显著，且 Path c 的估计系数 γ_1 不再显著，且 *Sobel z* 值在统计意义上显著，则 *Effort* 在空气质量和审计专业判断之间的关系中发挥了完全中介效应；②如果路径模型 Path a 的估计系数 α_1 显著，且 Path b 的估计系数 β_1 显著，且 Path c 的估计系数 γ_1 和 γ_2 显著，且 $\gamma_1 < \alpha_1$，且 *Sobel z* 值在统计意义上显著，则 *Effort* 在空气质量和审计专业判断之间的关系中发挥了部分中介效应。

表 3－10 列示了审计努力对空气污染和审计师专业判断之间的关系是否具有中介效应的检验结果。

在表 3－10 的 Path b 回归中，*Grade*28 的估计系数分别为 －0. 098 0 和 －0. 096 5（由于会计利润激进度和审计报告激进度的样本量略有差异，因此回归系数稍有不同），均在 1% 的水平上显著为负；*AQI*28 的估计系数分别为 －0. 141 4 和 －0. 138 2，均在 1% 的水平上显著为负；这说明无论用空气质量等级还是空气质量指数来衡量，空气污染均会显著减少审计师的努力程度。

表 3－10 的会计利润激进度部分 Path c 的回归中，*Effort* 的估计系数均显著为负，说明审计努力程度越大，被审计单位的会计利润激进度越低。在加入 *Effort* 后，*Grade*28 和 *AQI*28 的回归系数分别为 0. 004 0 和 0. 008 0，虽然依然显著为正，但分别小于表 3－4 中的对应回归系数 0. 004 9 和 0. 009 3，且 *Sobel z* 分别为 2. 17 和

表3－10　　审计努力在空气污染和审计师专业判断关系中的中介效应检验

	A：会计利润激进度				B：审计报告激进度			
被解释变量	*Effort*	*AbnAccr*	*Effort*	*AbnAccr*	*Effort*	*ARAgg*	*Effort*	*ARAgg*
模型	Path b	Path c	Path b	Path c	Path b	Path c	Path b	Path c
截距	4.669 6*** (54.87)	0.030 1 (1.43)	5.070 7*** (24.30)	0.005 7 (0.24)	4.668 3*** (54.63)	0.313 3*** (5.17)	5.057 9*** (24.55)	0.285 6*** (3.73)
Grade28	−0.098 0*** (3.93)	0.004 0*** (2.67)			−0.096 5*** (3.99)	0.006 2 (1.21)		
AQI28			−0.141 4*** (3.16)	0.008 0*** (3.09)			−0.138 2*** (3.18)	0.010 4 (1.01)
Effort		−0.008 6*** (2.64)		−0.008 9*** (2.72)		−0.053 7*** (5.18)		−0.054 6*** (5.29)
控制变量	控制	控制	控制	控制	控制	控制	控制	控制
Sobel z	2.17**		2.00**		3.12***		2.69***	
年度 & 行业	控制	控制	控制	控制	控制	控制	控制	控制
调整 R^2	0.078 0	0.571 0	0.060 6	0.571 1	0.077 2	0.041 8	0.060 0	0.041 7
N	4 807	4 807	4 807	4 807	4 616	4 616	4 616	4 616

注：(1) 回归中控制了城市层面的 cluster 效应。
(2) *、** 和 *** 代表的显著性水平分别为 10%、5% 和 1%。

2.00，单尾显著性水平达到5%，这就证实了部分中介效应的存在性，即在空气质量与会计利润激进度的关系中，*Effort* 发挥了部分中介效应。

表3-10的审计报告激进度部分 Path c 的回归中，*Effort* 的估计系数均显著为负，说明审计努力程度越大，审计报告激进度越低。而且，在加入 *Effort* 后，*Grade*28 和 *AQI*28 在回归中的估计系数均已不再显著，说明在空气质量与审计报告激进度的关系中，*Effort* 发挥了完全中介效应。

3.6.3 空气质量感知对审计风格的影响

现有研究发现，不同事务所具有不同的审计风格（Francis et al.，2014；宋云玲等，2017）。审计风格存在的主要原因是事务所内部统一的工作标准和程序，这些统一流程会让审计师的专业判断更加接近（Kothari et al.，2010；Francis et al.，2014）。如果空气质量会影响审计师的执业行为，那么，其存在就会突出审计师专业判断的个人差异，导致会计师事务所的审计风格受到影响。即在其他条件相同的情况下，同一会计师事务所的审计师外勤工作地的空气质量差异越大，其审计风格就越弱。

参照 Francis et al.（2014），我们将同年度、同行业由同一事务所审计的上市公司进行配对组合，以两家公司可操纵应计差异定义审计风格。以两家公司所在地空气质量差异定义 *Diff_Grade*28 和 *Diff_AQI*28，控制变量的选择借鉴 Francis et al.（2014）。上文所用4 823个公司/年样本对应52 507个组合样本。

表3-11的回归1和回归3报告了回归结果。另外，考虑到在中国的制度背景下，两家公司在经济发展程度、市场竞争程度以及政府监管程度等方面的差异也可能影响其可操纵应计差异，在 Francis et al.（2014）所用变量之外，我们额外增加了四个控制变量，组合样本减少为46 021个，对应回归2和回归4。

表3-11 空气质量对事务所审计风格的影响

	回归1	回归2	回归3	回归4
截距	0.022 8*** (2.78)	0.002 6 (0.31)	0.022 8*** (2.78)	0.002 6 (0.31)
Diff_Grade28	0.007 1*** (16.35)	0.007 6*** (17.42)		
Diff_AQI28			0.013 6*** (16.79)	0.015 0*** (18.31)
Avg_Abn_Accr	0.222 7*** (25.86)	0.018 1* (1.96)	0.222 8*** (25.88)	0.018 4** (1.99)
Diff_LEV	-0.042 2*** (32.33)	-0.051 1*** (39.71)	-0.042 2*** (32.37)	-0.051 2*** (39.77)
Avg_LEV	0.012 7*** (4.88)	-0.002 0 (0.78)	0.012 6*** (4.83)	-0.002 2 (0.84)
Diff_B/M	-0.025 4*** (22.30)	-0.028 9*** (26.12)	-0.025 7*** (22.50)	-0.029 2*** (26.32)
Avg_B/M	-0.000 9 (0.46)	-0.006 0*** (3.10)	-0.000 7 (0.36)	-0.005 8*** (2.99)
Diff_CFO	-0.673 5*** (248.49)	-0.716 9*** (265.34)	-0.673 3*** (248.45)	-0.716 6*** (265.31)
Avg_CFO	0.179 1*** (22.65)	-0.015 3* (1.78)	0.178 7*** (22.60)	-0.015 4* (1.80)
Diff_Size	0.008 0*** (23.58)	0.012 5*** (36.68)	0.008 0*** (23.65)	0.012 5*** (36.76)
Avg_Size	-0.004 6*** (7.02)	0.001 5** (2.29)	-0.004 6*** (7.03)	0.001 5** (2.26)
Diff_Std_REV	0.024 3*** (4.57)	0.007 2 (1.27)	0.024 2*** (4.55)	0.006 9 (1.23)
Avg_Std_REV	0.037 9*** (2.60)	-0.023 3* (1.67)	0.039 3*** (2.70)	-0.021 8 (1.56)
Diff_Std_CFO	-0.013 5 (1.33)	-0.070 4*** (7.06)	-0.013 7 (1.36)	-0.071 3*** (7.15)
Avg_Std_CFO	0.141 9*** (5.06)	0.126 5*** (4.62)	0.140 6*** (5.02)	0.125 2*** (4.58)

续表

	回归1	回归2	回归3	回归4
Diff_Std_REVG	0.003 2 *** (27.74)	0.001 0 *** (8.84)	0.003 2 *** (27.62)	0.001 0 *** (8.67)
Avg_Std_REVG	0.002 2 *** (3.35)	-0.001 6 ** (2.41)	0.002 2 *** (3.36)	-0.001 6 ** (2.35)
Diff_LossProb	-0.061 0 *** (55.76)	-0.066 6 *** (61.20)	-0.061 0 *** (55.83)	-0.066 7 *** (61.31)
Avg_LossProb	-0.000 5 (0.22)	-0.020 3 *** (8.99)	-0.000 4 (0.16)	-0.020 2 *** (8.94)
Same_Big4	-0.004 5 (1.54)	-0.001 6 (0.57)	-0.004 7 (1.57)	-0.001 7 (0.62)
Same_Dom8	-0.004 0 *** (3.65)	-0.003 7 *** (3.35)	-0.004 0 *** (3.63)	-0.003 8 *** (3.37)
Dist_ij		0.000 3 ** (1.99)		0.000 3 ** (2.11)
Diff_Dist_Reg		-0.000 5 *** (5.10)		-0.000 5 *** (5.22)
Diff_PGDP		-0.001 0 *** (3.71)		-0.001 0 *** (3.57)
Diff_PREV		-0.118 6 (1.16)		-0.111 2 (1.09)
Adj-R^2	0.548 9	0.612 0	0.549 0	0.612 3
N	52 507	46 021	52 507	46 021

注：(1) 因变量为 *Diff_Abn_Accr*。本表各变量中，以 *Diff* 为前缀的变量是配对公司 *i* 和 *j* 相关变量的差异值，以 *Avg* 为前缀的变量是公司 *i* 和 *j* 相关变量的平均值。*Abn_Accr* 至 *LossProb* 各变量的定义见表 3-1。如果公司 *i* 和 *j* 由同一国际四大会计师事务所审计，则 *Same_Big4* =1；否则，*Same_Big4* =0。如果公司 *i* 和 *j* 由同一国内八大会计师事务所审计，则 *Same_Dom8* =1；否则，*Same_Dom8* =0。*Dist_ij* 代表公司 *i* 和 *j* 之间的直线距离；*Dist_Reg* 代表样本公司与本地证监局的直线距离；其中，直线距离根据两地的经度和纬度，以 6 378 千米为地球半径测算。*PGDP* 代表公司总部所在地级市人均 GDP。上述三个变量均在原始数据基础上加 1 后取自然对数。*PREV* 等于样本公司营业收入占行业内上市公司营业收入总额的比例。由于部分城市缺失相关数据，回归 2 和回归 4 中配对数量少于回归 1 和回归 3。

(2) *、** 和 *** 代表的显著性水平分别为 10%、5% 和 1%。

*Diff_Grade*28 在回归 1 中的估计系数为 0.007 1，在 1% 的水平上显著为正；*Diff_AQI*28 在回归 3 中的估计系数为 0.013 6，也在 1% 的水平上显著为正。在控制更多变量的回归 2 和回归 4 中，*Diff_Grade*28 和 *Diff_AQI*28 的结果分别与回归 1 和回归 3 一致。可见，在其他条件相同时，空气质量对审计师个人行为的影响会导致事务所层次的审计风格减弱。

3.7 研究结论与启示

本章用 2013—2015 年的大样本数据检验了空气污染对审计师专业判断的影响。与现有有关个体情绪对个人决策的影响方向不同，我们发现，审计师外勤工作时被审计单位所在地的空气质量越差，审计师的专业判断就越乐观激进。具体表现为，被审计单位的可操控性应计利润越高，审计师出具非标意见的概率越低。也就是说，空气污染引发的负面情绪并没有让审计师做出更加悲观的专业判断，反而可能由于降低了审计师的外勤工作时间，或工作效率，或认知能力，影响了其职业怀疑能力，进而影响其专业判断能力。

本章的研究结果揭示了个人情绪对审计领域专业判断的影响特点。虽然现有的实验研究结果表明，个人情绪越悲观，审计决策也越悲观。但是，在现实社会中，审计决策不仅是审计团队的个人单方面行为，还包括与被审计单位的沟通交流等谈判环节。因此，在与被审计单位的沟通交流环节，空气污染可能会影响审计师的认知能力、工作效率或效果，导致审计结果更加有利于公司。

本章的研究结果还表明，空气污染对个人决策的影响，不仅仅表现在空气污染本身，还可能表现在个人对空气污染的感知方面。如空气质量对审计师专业判断的影响主要发生在空气污染引起社会公众普遍关注时期，只存在于有空气污染的样本和会计师事务所与被审计单位空气质量存在差异的样本中。被审计单位工作人员虽然也同样生活在空气污染的环境当中，但是却能在与审计师的沟通交流中获得更加有利的结果。原因可能是被审计单位工作人员对空气污染环境的适应能力更强，而审计师作为外来人员，对空气污染的感知可能更加强烈，因此受到的影响也更大。我们还发现，审计努力在空气污染与被审计单位会计决策激进度的关系中发挥了部分中介作用，在空气污染与审计报告激进度的关系中发挥了完全中介效应。这说明空气污染主要是通过影响审计师的工作努力程度影响其专业判断的。另外，空气质量对审计专业判断的影响会削弱事务所统一的审计风格，这进一步说明了空气污染影响的严重性。

本章的结果有助于我们进一步认识审计师个人专业判断的局限性。这一方面可以提请审计行业对这一问题的关注，从而降低其发生作用的可能性（Chung et al.，2008）；另一方面也希望能引起监管部门和研究者的注意，以便进一步讨论如何尽量避免个人情绪对审计决策的可能影响。

第4章 审计风格对分析师预测行为的影响

现有文献表明，会计师事务所合并能够显著提高被审计单位的会计信息可比性。由于会计信息可比性是影响分析师行为的重要因素，一个自然而然的问题是，会计师事务所合并是否影响分析师行为。本章以2002—2017年发生的会计师事务所合并事件为外生冲击，运用双重差分（DiD）模型探讨了会计师事务所合并对分析师行为的影响。结果表明，会计师事务所合并会显著改善被审计单位的信息环境，表现在跟踪分析师的数量和分析师预测的准确度上升、分析师预测的分歧度下降。进一步的分析表明，分析师行为变化主要出现在规模较大的事务所参与合并的样本中、无行业专长的样本中以及客户重要性比较低的样本中。

4.1 引言

合并是会计师事务所“做大”的捷径，现有研究也基本证实了“做大”可以“做强”（Cao et al.，2016；Ye et al.，2016；王鹏和周珊，2016；宋云玲等，2017；杨金凤等，2017）。但是，在审计质量（王鹏和周珊，2016）和会计信息可比性（Cao et al.，2016；Ye et al.，2016；宋云玲等，2017；杨金凤等，2017）等直接经济后果之外，“做大做强”是否有其他间接的经济后果？比如，是否会因被审计单位会计信息可比性的提高而影响分析师行为？

DeFranco et al.（2011）曾指出，会计信息可比性的好处之一是提高跟踪分析师的数量以及分析师预测的准确度。曲晓辉和毕超（2016）以及袁振超等（2016）也认为，分析师能更好地得益于会计信息可比性的提高。Horton et al.（2013）针对强制实施 IFRS 的研究也证实，强制实施 IFRS 之后分析师预测的准确度显著提升，而强制实施 IFRS 的目的之一是提高不同国家公司之间的会计信息可比性。因此，我们预期，事务所合并可能影响到分析师行为。

我们以 2002—2017 年发生的会计师事务所合并事件为外生冲击，运用 DiD 分析模型探讨了会计师事务所合并对分析师行为的影响。结果表明，会计师事务所合并会显著提升被审计单位跟踪分析师的数量，其分析师预测的准确度显著上升，分歧度显著下降。

现有文献发现，事务所规模会影响合并后的整合程度进而影响会计信息可比性（宋云玲等，2017），事务所的行业专长（谢盛纹和王清，2016；宋衍蘅等，2017）以及客户重要性（谢盛纹等，2017）会直接影响会计信息可比性，那么，这些因素是否会影响分析师行为的变化？我们的横截面差异分析结果表明，分析师行为变化主要出现在规模较大的事务所参与的样本中、无行业专长的样本中以及客户重要性比较低的样本中。

本书可能的研究贡献体现在如下两个方面：

第一，丰富了有关会计师事务所“做大做强”的经济后果研究。现有的有关“做大做强”的经济后果研究以审计质量为主，会计信息质量为辅。本书从分析师这一重要的市场参与者的角度探讨了会计师事务所合并的经济后果，为“做大做强”提供了更丰富的证据。

第二，丰富了有关会计信息可比性的经济后果研究。已有研究探讨了会计信息可比性对分析师预测行为（DeFranco et al.，2011；

Horton et al.，2013）、外商投资行为（DeFond et al.，2011）、企业融资成本（Kim et al.，2013；Li，2010）、盈余管理（胥朝阳和刘睿智，2014）、股价崩盘风险（Kim et al.，2016；江轩宇，2015）、企业创新（江轩宇等，2017）以及并购绩效（刘睿智等，2015）等方面的影响。但这些研究往往只关注横截面差异（比如，DeFranco et al.，2011；Kim et al.，2013，2016）或纵向变化（比如，DeFond et al.，2011；Horton et al.，2013；Li，2010），甚少进行双重差分分析。本书利用会计师事务所合并这一外生冲击对可比性的影响，借鉴准自然实验研究的思路，采用双重差分法，从动态的角度探讨会计信息可比性的经济后果，较好地解决了因果关系问题。

本章后续内容的安排如下：第二部分回顾相关文献并提出本章的研究假说；第三部分给出研究设计；第四部分为实证分析结果；第五部分是进一步的分析；第六部分是本章的结论。

4.2 文献综述和研究假说

我们的研究主要基于两方面的文献：①会计师事务所合并对会计信息可比性的影响；②会计信息可比性对分析师预测行为的影响。

关于会计师事务所合并的研究主要集中在合并事项对审计质量（比如，曾亚敏和张俊生，2010；Gong et al.，2016；Christensen et al.，2016；Choi et al.，2017）和审计收费（比如，李明辉等，2012；曾亚敏和张俊生，2012；Gong et al.，2016）的影响。针对审计收费的研究结论比较一致，即合并后的审计收费提高了。但针对审计质量的研究并未得到一致结论。

曾亚敏和张俊生（2010）以及王汇华（2015）针对不同时期的研究均发现合并后的审计质量显著提高；李明辉和刘笑霞（2015）则得到了合并后的审计质量显著下降的证据。当然，也有一些研究发现合并后的审计质量无显著变化，比如李明辉（2011）以及 Gong et al.（2016）。出现这种不一致的可能原因是不同合并事项在合并后的整合程度存在差异，因为合并后的实质性整合是提高审计质量的关键（吴溪，2005；唐建新等，2015）。比如，Ye et al.（2016）发现，合并后的整合程度越高，审计客户会计信息可比性的提高程度越大。Cao et al.（2016）以及杨金凤等（2017）也从会计信息可比性的视角来分析会计师事务所合并的经济后果，并得到了一致的结论，即会计师事务所的合并能够显著提高审计客户的会计信息可比性，基本实现了“做大做强”的初衷。

不过，现有研究尚未进一步探讨会计师事务所合并对会计信息可比性的外生冲击会产生怎样的经济后果。现有的静态分析发现，会计信息可比性具有一系列好处。比如，会计信息可比性能够降低信息获取和处理成本，提高投资者可以获得的信息的质量，降低股价崩盘风险（Kim et al.，2016；江轩宇，2015）；降低投资者与公司之间的信息不对称，进而降低公司的债务成本（Kim et al.，2013）。具体到分析师的预测行为，现有研究发现，会计信息可比性能够提高分析师预测的质量。比如，Bhojraj and Lee（2002）发现，当能够获得可比同业公司的财务报表数据时，分析师的估值会更加准确。DeFranco et al.（2011）认为，会计信息可比性使分析师可以在不同公司之间进行有意义的对比，这样一来，分析师不仅能够比较精确地知晓可比公司之间的经济相似性和差异，还能够更好地了解经济事项如何转变为公司业绩。而且，由于可比公司互为参照标杆，它们之间的信息传递也能够减少分析师理解和分析其财务报告的工作量。DeFranco et al.（2011）从配对公司和单一公司两个角度证实了其观点，在其配对公司层面的研究中，跟踪 i 公司的分析师 k 同时跟踪 j 公司的概率以及 i 公司与 j 公司分析师预测偏差的相似度与两家公司（i 和 j）会计信息的可比性显著正相关；在其单一公司层面的研究中，会计信息可比性比较高的公司，分析师跟踪数量比较多、预测的准确度比较高、分歧度比较低。曲晓辉和毕超（2016）针对A股公司的研究发现，分析师倾向于解读会计信息可比性程度较高的财务报告。

从更广泛的角度而言，会计信息可比性是信息披露质量的重要维度之一（Kim et al.，2016；江轩宇，2015），而现有研究发现，分析师行为与信息披露质量密切相关。比如，方军雄（2007）、李丹蒙（2007）以及石桂峰等（2007）都发现，上市公司的信息披露质量越高，分析师预测的准确度越高。这些结果与Lang and Lundholm（1996）针对美国市场的研究是一致的。

从动态的角度来看，Horton et al.（2013）针对强制实施IFRS的研究也证实，强制实施IFRS之后分析师预测的准确度显著提升，而强制实施IFRS的目的之一是提高不同国家公司之间的会计信息可比性。

根据上述分析，本章提出如下假说：

H1：相比于未发生事务所合并事项的样本以及事务所合并以前的样本，事务所合并后样本的跟踪分析师的数量比较多。

H2：相比于未发生事务所合并事项的样本以及事务所合并以前的样本，事务所合并后样本的分析师预测的准确度比较高。

H3：相比于未发生事务所合并事项的样本以及事务所合并以前的样本，事务所合并后样本的分析师预测的分歧度比较小。

4.3 研究设计

4.3.1 样本

我们借鉴Gong et al.（2016）、Ye et al.（2016）以及杨金凤等（2017）的研究，根据会计师事务所发生合并前后两年均有数据的稳定客户样本，找出有分析所需控制变量的602家公司，对应2 408个公司/年样本[①]。从无事务所合并的样本中，根据同行业、同年度、合并前一年的期初资产差异不超过25%的标准，采用非重复抽样的方式，为259家公司找到配对样本，最终得到2 072个公司/年样本用于进行分析师跟踪数量的检验。在这些样本中，保留有分析师预测数据的样本（1 106个）用于进行分析师预测准确度的检验；保留分析师数量不少于3个的样本（320个）用于进行分析师预测分歧度的检验。

其中，会计师事务所合并数据来自手工收集，并去掉了同一事务所两次合并事项间隔低于4年的样本；分析所用其他数据均来自CSMAR数据库。为避免极端数据的影响，对所有连续变量均按1%和99%分位数进行缩尾处理。

4.3.2 模型及变量定义

借鉴自然和准自然实验研究（Li and Zhang，2015；赵静等，2018）中的DiD分析思路，我们根据模型（4.1）对假说H1至H3进行检验。

$$AF\_Metrics = \alpha + \beta_1 MA + \beta_2 Post + \beta_3 MA \times Post + Controls + \varepsilon \tag{4.1}$$

其中，*AF_Metrics* 分别代表分析师跟踪数量（*AFN*）、分析师预测的准确度（*AFE*）和分析师预测的分歧度（*DISP*），具体定义见表4－1；*MA* 为虚拟变量，对处理组样本取值为1，控制组样本取值为0；*Post* 为虚拟变量，对合并事项发生后的两年取值为1，此前的两年取值为0。

Controls 为影响分析师预测行为的控制变量，其设置参考DeFranco et al.（2011），具体内容见表4－1。

---

① 稳定客户即未发生事务所变更的样本，单纯的事务所更名不属于事务所变更。

表 4 - 1 变量定义

变量	定义
被解释变量	
AFN	t+1 年跟踪公司的分析师的数量加 1 后取自然对数
AFE	| t+1 年的分析师对净利润的一致预测 - t+1 年实际利润 | /上一年净利润
DISP	t+1 年分析师对净利润的一致预测的标准差/| t+1 年分析师对净利润的一致预测的均值 |
控制变量	
MV	t 年末公司的股票价格 × 本年末股票数量/10 000 取自然对数
BM	t 年末公司的账面市值比
Volume	t 年度内公司股票交易数量（百万股）的自然对数
R&D	t 年公司研发投入总额/t 年公司销售收入总额
Depre	t 年公司的折旧费用总额/t 年末公司总资产
Issue	如果公司在 t-1 年、t 年、t+1 年有再融资行为，则取值为 1，否则取值为 0
Predict	公司 t 年的净利润对 t-1 年的净利润进行回归所得回归拟合优度（过去 5 年）
EarnVol	前 16 个季度的盈余波动率
RetVol	前 48 个月的公司股票收益波动率
Gap_AF	每个分析师的预测时滞 *Gap_ID* =（最早一次分析师预测披露日 - *t* 年年报披露日）+1 后取自然对数，*Gap_AF* = 针对同一上市公司的所有 *Gap_ID* 的平均值；该变量适用于对 *AFE* 和 *DISP* 的回归

4.4 实证分析结果

4.4.1 描述统计

表 4 - 2 报告了主要变量的描述统计。*AFN* 的均值为 0.903，中

位数为0.693；对应分析师的跟踪数量分别为1.47人和1人，这表明整体上跟踪分析师的数量比较少。在我们的样本中，前25%的样本，分析师跟踪数量为0；只有约25%的样本分析师跟踪数量达到或超过3人。*AFE*的均值和中位数分别为1.627和0.332，标准差为5.318，可见*AFE*分布的右尾比较长。这可能是因为部分样本分析师跟踪数量只有1~2人，而现有文献（比如，岳衡和林小驰，2008）发现，分析师跟踪数量越少，其预测的准确度越低。相比之下，因*DISP*分析限定在分析师跟踪数量不少于3人的样本，*DISP*的均值和中位数之间的差异比较小。

表4-2　变量的描述统计

变量	N	均值	中位数	标准差	Q1	Q3
AFN	2 072	0.903	0.693	1.032	0.000	1.386
AFE	1 106	1.627	0.332	5.318	0.211	0.569
DISP	320	0.233	0.144	0.247	0.109	0.213
MV	2 072	3.729	3.695	1.143	3.200	4.202
BM	2 072	0.484	0.406	0.338	0.291	0.557
Volume	2 072	2.472	2.550	1.202	1.987	3.050
R&D	2 072	0.635	0.000	1.642	0.000	0.000
Depre	2 072	0.020	0.017	0.016	0.011	0.024
Issue	2 072	0.353	0.000	0.478	0.000	1.000
Predict	2 072	0.500	0.565	0.346	0.264	0.736
EarnVol	2 072	2.017	0.619	4.727	0.416	1.053
RetVol	2 072	0.138	0.130	0.052	0.111	0.152
GAP_AF	1 106	3.373	3.408	1.52	2.719	4.235

4.4.2　回归结果

表4-3报告了初步回归结果。以*AFN*为因变量的回归中，*MA*×

Post 的估计系数为0.150 6，在1%的水平上显著为正；这说明，会计师事务所合并后跟踪其审计客户的分析师的数量出现显著上升。以*AFE*为因变量的回归中，*MA*×*Post* 的估计系数为-1.037 8，在10%的水平上显著为负；这说明，会计师事务所合并后其审计客户的分析师预测的误差显著下降，即准确度显著上升。以*DISP*为因变量的回归中，*MA*×*Post* 的估计系数为-0.113 6，在5%的水平上显著为负；这说明，会计师事务所合并后其审计客户的分析师预测的分歧度显著下降。整体而言，假说H1至H3得到证实。即会计师事务所合并所导致的会计信息可比性的增加影响到了分析师的预测行为，跟踪审计客户的分析师数量显著上升，分析师预测的准确度显著提高、分歧度显著下降。

表4-3　　初步回归结果

	AFN	*AFE*	*DISP*
截距	-1.716 1*** (-11.67)	1.471 3 (0.76)	-0.150 8 (-0.57)
MA	0.011 9 (0.28)	0.250 6 (0.56)	0.025 6 (0.71)
Post	-0.118 9*** (-2.87)	0.847 2* (1.86)	0.074 2** (2.09)
MA×*Post*	0.150 6*** (2.56)	-1.037 8* (-1.66)	-0.113 6** (-2.26)
MV	0.607 9*** (27.17)	-0.566 9** (-2.37)	-0.009 2 (-0.45)
BM	0.258 0*** (4.85)	-1.266 7** (-2.31)	0.165 7*** (3.33)
Volume	-0.136 4*** (-6.60)	-0.548 7** (-2.45)	0.001 9 (0.11)
R&D	0.023 8** (2.16)	-0.151 2 (-1.35)	0.029 2 (0.04)
Depre	1.189 1 (1.02)	28.923 1** (2.24)	-0.252 5 (-0.21)

续表

	AFN	*AFE*	*DISP*
Issue	0. 240 9 *** (6. 60)	0. 354 6 (1. 02)	0. 025 9 (0. 90)
Predicty	0. 505 1 *** (9. 67)	-1. 226 7 ** (-2. 08)	-0. 117 6 * (-1. 96)
EarnVol	0. 001 8 (0. 54)	0. 131 6 *** (2. 69)	0. 016 8 ** (2. 14)
RetVol	-0. 955 0 ** (-2. 36)	-6. 091 4 (-1. 23)	0. 249 4 (0. 42)
Gap_AF		0. 215 1 * (1. 84)	0. 030 8 ** (2. 39)
行业	Y	Y	Y
年度	Y	Y	Y
R^2	0. 587 2	0. 083 7	0. 249 5
N	2 072	1 106	320

注：*** 、** 和 * 代表的显著性水平分别为 1% 、5% 和 10% 。

4. 4. 3　稳健性检验

（1）安慰剂测试

因上市公司可以选择会计师事务所，因此，表 4 -3 的结果可能存在选择偏误。即，处理组和控制组可能存在系统性差异而导致它们选择了不同的事务所，而这些系统性差异很可能会影响分析师的预测行为。为排除这一可能性，我们进行了安慰剂测试。在安慰剂测试中，我们将事务所发生合并的时间提前 3 年，并根据这个虚拟的合并时间重新选择样本，重复表 4 -3 的回归。表 4 -4 报告了主要结果，可以看到，在安慰剂测试中，*MA* × *Post* 的估计系数均不显著区别于 0。这说明表 4 -3 的结果主要是由事务所合并引起的，而不是处理组和控制组的系统性差异引起的。

表 4 -4 安慰剂测试

	AFN	*AFE*	*DISP*
截距	-2.098 1*** (-5.18)	5.555 1 (0.84)	0.279 4* (1.70)
MA	0.054 0 (0.99)	0.310 9 (0.45)	-0.107 4*** (-2.87)
Post	-0.076 8 (-1.45)	1.297 0* (1.88)	-0.016 9 (-0.46)
MA × *Post*	-0.028 0 (-0.37)	-1.504 1 (-1.55)	0.058 4 (1.12)
控制变量	控制	控制	控制
行业	Y	Y	Y
年度	Y	Y	Y
R^2	0.611 2	0.114 7	0.178 4
N	1 264	658	176

注：***、** 和 * 代表的显著性水平分别为 1%、5% 和 10%。

（2）随机化处理

为缓解随时间变化的缺失变量引起的偏误，我们对 DiD 模型中的处理组和控制组进行了随机化处理，即将表 4 -3 中的处理组和控制组运用 Stata 软件打乱，随机设置处理组样本和控制组样本。如果随时间变化的缺失变量对表 4 -3 的基本研究结果有影响，那么，随机化设置处理组和控制组也会得到与表 4 -3 一致的结果。我们进行了 500 次随机化处理，表 4 -5 报告了 500 次回归中主要变量估计结果的描述统计。

Panel A 报告了 *AFN* 的随机化处理结果，在 500 次回归中，*MA* × *Post* 的估计系数均值为 0.001 6，中位数为 0.000 3，t =0.66。Panel B 报告了 *AFE* 的随机化处理结果，在 500 次回归中，*MA* × *Post* 的估计系数均值为 -0.011 2，中位数为 -0.008 7，t =0.34。Panel C 报告了 *DISP* 的随机化处理结果，在 500 次回归中，*MA* × *Post* 的

估计系数均值为 0.000 3，中位数为 -0.003 3，$t=0.12$。总的来说，在各随机化处理中，$MA \times Post$ 的估计系数并不显著区别于 0，说明随时间变化的缺失变量对表 4-3 的基本研究结果无显著影响。

表 4-5　随机化处理

Panel A：*AFN* 的回归结果

	均值	中位数	标准差	t	Q1	Q3
截距	-1.672 7	-1.673 7	0.031 0	-1 206.51 ***	-1.689 6	-1.654 7
MA	0.000 3	0.000 5	0.054 3	0.13	-0.031 6	0.032 7
Post	-0.044 4	-0.043 8	0.029 0	-34.30 ***	-0.064 7	-0.024 2
MA × *Post*	0.001 6	0.000 3	0.053 0	0.66	-0.034 8	0.039 0
R^2	0.584 8	0.584 6	0.000 9		0.584 3	0.585 0

Panel B：*AFE* 的回归结果

	均值	中位数	标准差	t	Q1	Q3
截距	1.512 5	1.505 5	0.255 4	132.58 ***	1.360 6	1.670 6
MA	0.006 7	0.003 5	0.466 6	0.32	-0.293 5	0.326 4
Post	0.287 7	0.288 7	0.360 0	17.89 ***	0.043 6	0.516 3
MA × *Post*	-0.011 2	-0.008 7	0.737 9	-0.34	-0.502 0	0.498 6
R^2	0.083 1	0.082 5	0.002 2		0.081 5	0.084 0

Panel C：*DISP* 的回归结果

	均值	中位数	标准差	t	Q1	Q3
截距	-0.180 7	-0.182 3	0.034 8	-116.32 ***	-0.203 3	-0.160 1
MA	-0.000 2	0.000 0	0.046 9	-0.09	-0.030 1	0.030 0
Post	0.016 3	0.018 1	0.026 0	14.03 ***	-0.000 5	0.033 0
MA × *Post*	0.000 3	-0.003 3	0.051 6	0.12	-0.032 7	0.035 5
R^2	0.239 7	0.237 4	0.006 6		0.234 7	0.242 6

注：***、** 和 * 代表的显著性水平分别为 1%、5% 和 10%。

4.5 进一步的分析

4.5.1 事务所规模

Francis et al.（2014）发现，事务所统一的审计风格能够提高被审计单位会计信息可比性。具体而言，同一四大会计师事务所审计的客户之间的会计信息可比性要高于不同四大会计师事务所审计的客户之间的会计信息可比性。宋云玲等（2017）发现，会计师事务所合并会增强存续事务所的审计风格，这种现象在涉及规模比较大的事务所的合并事项中更加显著。

参照宋云玲等（2017），我们以参与合并的事务所规模对合并事项进行分类。具体而言，我们以是否有中注协排名前20强或30强参与为标准将样本划分为两组，重复表4-3的分析。表4-6报告了主要的回归结果。

宋云玲等（2017）发现，有中注协排名前20强或30强参与的合并能够更快地形成统一的审计风格，从而提高会计信息可比性。表4-6的结果也证实了这一点。比如，Panel A针对*AFN*的两组回归中，无前20强事务所参与合并时$MA \times Post$的估计系数为0.1222，不显著区别于0；有前20强事务所参与合并时$MA \times Post$的估计系数为0.1425，在5%的水平上显著为正；即事务所合并对分析师跟踪数量的提高作用主要发生在有大所参与的合并中。针对*AFE*的两组回归中，无前20强事务所参与合并时$MA \times Post$的估计系数为-0.3228，不显著区别于0；有前20强事务所参与合并时$MA \times Post$的估计系数为-1.3112，在10%的水平上显著为负；即事务所合并对分析师预测准确度的提升作用主要发生在有大所参与的合并中。针对*DISP*的两组回归中，无前20强事务所参与合并时

$MA \times Post$ 的估计系数为 -0.033 6，不显著区别于 0；有前 20 强事务所参与合并时 $MA \times Post$ 的估计系数为 -0.137 2，在 5% 的水平上显著为负；即事务所合并对分析师预测分歧度的减弱作用主要发生在有大所参与的合并中。以前 30 强为标准的回归得到了类似的结果，详见表 4-6 的 Panel B。

表 4-6　合并特征的影响

Panel A：是否有前 20 强事务所参与

	AFN		*AFE*		*DISP*	
	无	有	无	有	无	有
截距	-1.496 6*** (-5.95)	-1.667 9*** (-9.24)	5.318 3** (2.06)	0.035 1 (0.01)	0.014 7 (0.05)	-0.152 3 (-0.51)
MA	-0.111 7 (-1.38)	0.052 2 (1.07)	0.337 9 (0.51)	0.403 9 (0.74)	0.051 2 (0.67)	0.047 0 (1.03)
Post	-0.139 6* (-1.78)	-0.108 6** (-2.27)	0.226 2 (0.34)	0.995 5* (1.80)	0.008 8 (0.12)	0.096 8** (2.20)
$MA \times Post$	0.122 2 (1.11)	0.142 5** (2.10)	-0.322 8 (-0.35)	-1.311 2* (-1.73)	-0.033 6 (-0.34)	-0.137 2** (-2.19)
控制变量	控制	控制	控制	控制	控制	控制
行业	Y	Y	Y	Y	Y	Y
年度	Y	Y	Y	Y	Y	Y
R^2	0.666 1	0.581 6	0.039 0	0.093 6	0.103 2	0.281 8
N	464	1 608	232	874	96	224

Panel B：是否有前 30 强事务所参与

	AFN		*AFE*		*DISP*	
	无	有	无	有	无	有
截距	-1.415 2*** (-4.41)	-1.747 0*** (-10.43)	4.406 8 (1.26)	0.617 6 (0.28)	-0.363 4 (-0.61)	-0.111 4 (-0.41)
MA	-0.187 2* (-1.85)	0.060 4 (1.29)	0.438 3 (0.50)	0.387 1 (0.75)	0.158 2 (1.14)	0.030 0 (0.75)

续表

	AFN		AFE		DISP	
	无	有	无	有	无	有
Post	-0.146 7 (-1.55)	-0.111 8** (-2.44)	-0.013 5 (-0.02)	1.050 4** (2.01)	0.056 1 (0.50)	0.087 3** (2.21)
MA × *Post*	0.144 3 (1.06)	0.146 1** (2.24)	-0.195 1 (-0.16)	-1.287 6* (-1.80)	-0.162 6 (-1.06)	-0.122 1** (-2.19)
控制变量	控制	控制	控制	控制	控制	控制
行业	Y	Y	Y	Y	Y	Y
年度	Y	Y	Y	Y	Y	Y
R^2	0.685 1	0.572 9	0.014 8	0.090 2	0.056 6	0.295 8
N	336	1 736	173	933	64	256

注：***、**和*代表的显著性水平分别为1%、5%和10%。

4.5.2 事务所行业专长

在审计风格之外，事务所的行业专长也是影响会计信息可比性的重要因素（谢盛纹和王清，2016；宋衍蘅等，2017）。谢盛纹和王清（2016）发现，拥有行业专长的事务所审计的公司的会计信息可比性要强于其他公司；宋衍蘅等（2017）进一步发现，考虑行业专长后，审计风格对会计信息可比性的影响大幅减弱。由于行业专长对会计信息可比性的强烈影响，相比于无行业专长的样本而言，事务所合并对有行业专长样本的会计信息可比性的边际影响会减弱。因此，我们预期会计师事务所合并对分析师行为的影响主要发生在无行业专长的样本中。为了对此进行检验，我们按有无行业专长对样本进行了分组，重复表4-3的回归。

表4-7报告了主要结果。针对*AFN*的两组回归中，有行业专长一组中*MA*×*Post*的估计系数为0.111 2，不显著区别于0；无行业专长一组中*MA*×*Post*的估计系数为0.151 3，在5%的水平上显

著为正；即事务所合并对分析师跟踪数量的提高作用主要发生在事务所无行业专长的样本中。针对 *AFE* 的两组回归中，有行业专长一组中 *MA* × *Post* 的估计系数为 -0.489 4，不显著区别于0；无行业专长一组中 *MA* × *Post* 的估计系数为 -1.225 4，在10%的水平上显著为负；即事务所合并对分析师预测准确度的提升作用主要发生在事务所无行业专长的样本中。针对 *DISP* 的两组回归中，有行业专长一组中 *MA* × *Post* 的估计系数为0.087 9，不显著区别于0；无行业专长一组中 *MA* × *Post* 的估计系数为 -0.172 2，在1%的水平上显著为负；即事务所合并对分析师预测分歧度的减弱作用主要发生在事务所无行业专长的样本中。

整体而言，我们的结果证实了我们的预期，即会计师事务所合并对分析师行为的影响主要发生在审计师无行业专长的样本中。

表4-7　　审计行业专长的影响

	AFN		*AFE*		*DISP*	
	有	无	有	无	有	无
截距	-1.166 0*** (-3.41)	-1.746 9*** (-11.41)	1.808 4 (0.54)	2.285 2 (1.04)	-0.362 5 (-0.83)	-0.380 8 (-1.40)
MA	0.050 3 (0.51)	0.009 1 (0.20)	0.936 3 (1.39)	0.069 8 (0.13)	-0.119 4* (-1.72)	0.085 7* (1.90)
Post	-0.135 6 (-1.33)	-0.109 3** (-2.44)	0.281 1 (0.42)	1.153 9** (2.17)	-0.008 6 (-0.14)	0.106 7** (2.45)
MA × *Post*	0.111 2 (0.81)	0.151 3** (2.35)	-0.489 4 (-0.54)	-1.225 4* (-1.65)	0.087 9 (1.02)	-0.172 2*** (-2.84)
控制变量	控制	控制	控制	控制	控制	控制
行业	Y	Y	Y	Y	Y	Y
年度	Y	Y	Y	Y	Y	Y
R^2	0.666 7	0.581 9	0.069 1	0.115 1	0.247 2	0.297 4
N	378	1 694	215	891	83	237

注：***、**和*代表的显著性水平分别为1%、5%和10%。

4.5.3 客户重要性

谢盛纹等（2017）发现，会计师事务所对某一客户的经济依赖越强，该客户的会计信息可比性越差；同样地，签字注册会计师的客户重要性与会计信息可比性也呈现显著的负向关系。由于客户重要性会损害会计信息可比性，我们预期客户重要性可能削弱会计师事务所合并对会计信息可比性的提升作用。即，会计师事务所合并对会计信息可比性的提升作用主要发生在客户重要性比较低的样本中，相应地，这些样本的分析师行为变化比较大。为对此进行检验，我们分别按照事务所层面和签字审计师层面客户重要性的中位数进行分组，重复表4-3的回归。

表4-8报告了分组回归结果。Panel A以事务所层面的客户重要性进行分组。针对分析师跟踪数量（*AFN*）的回归中，*MA*×*Post*在客户重要性比较高一组的估计系数为0.069 7，不显著区别于0；在客户重要性比较低一组的估计系数为0.220 5，在1%的水平上显著为正。这表明，会计师事务所合并对分析师跟踪数量的提高作用主要发生在客户重要性比较低的样本中。针对分析师预测准确度（*AFE*）的回归中，*MA*×*Post*在两组样本中的估计系数均不显著区别于0。针对分析师预测分歧度（*DISP*）的回归中，*MA*×*Post*在客户重要性比较高一组的估计系数为-0.002 3，不显著区别于0；在客户重要性比较低一组的估计系数为-0.173 9，在5%的水平上显著为正。这表明，会计师事务所合并对分析师预测分歧度的减弱作用主要发生在客户重要性比较低的样本中。Panel B根据签字审计师层面的客户重要性进行分组，只在分析师跟踪数量的分析中得到了比较显著的结果。整体而言，表4-8的结果部分证实了客户重要性的影响。即，客户重要性会削弱会计师事务所合并对会计信息可比性的提升作用，进而影响分析师的预测行为。

表 4-8　　　　客户重要性的影响

Panel A：事务所层面

	AFN		*AFE*		*DISP*	
	重要	不重要	重要	不重要	重要	不重要
截距	-1.675 2*** (-8.77)	-1.494 7*** (-5.14)	0.375 8 (0.15)	-1.498 1 (-0.31)	-0.136 3 (-0.54)	-0.196 2 (-0.63)
MA	0.068 3 (1.17)	-0.047 0 (-0.76)	0.064 4 (0.11)	0.331 5 (0.45)	-0.028 0 (-0.69)	0.030 9 (0.56)
Post	-0.108 9* (-1.89)	-0.114 5* (-1.93)	0.952 6 (1.56)	0.727 0 (1.05)	0.026 6 (0.72)	0.087 3 (1.56)
MA×*Post*	0.069 7 (0.86)	0.220 5*** (2.57)	-1.054 9 (-1.30)	-1.116 5 (-1.12)	-0.002 3 (-0.04)	-0.173 9** (-2.28)
控制变量	控制	控制	控制	控制	控制	控制
行业	Y	Y	Y	Y	Y	Y
年度	Y	Y	Y	Y	Y	Y
R^2	0.632 2	0.559 3	0.013 3	0.110 1	0.224 4	0.437 1
N	1 036	1 036	563	543	160	160

Panel B：签字审计师层面

	AFN		*AFE*		*DISP*	
	重要	不重要	重要	不重要	重要	不重要
截距	-1.905 5*** (-8.80)	-1.525 2*** (-7.02)	-0.213 7 (-0.08)	3.652 5 (1.09)	-0.323 5 (-1.11)	-0.048 1 (-0.15)
MA	0.061 5 (1.03)	-0.039 4 (-0.66)	0.235 2 (0.41)	0.398 9 (0.54)	-0.022 7 (-0.42)	0.023 6 (0.44)
Post	-0.121 8** (-2.09)	-0.145 3** (-2.46)	0.540 0 (0.93)	1.205 0 (1.61)	0.098 3** (2.05)	0.009 6 (0.16)
MA×*Post*	0.101 8 (1.23)	0.191 9** (2.31)	-0.914 4 (-1.13)	-1.232 4 (-1.21)	-0.090 7 (-1.25)	-0.094 5 (-1.21)
控制变量	控制	控制	控制	控制	控制	控制
行业	Y	Y	Y	Y	Y	Y
年度	Y	Y	Y	Y	Y	Y
R^2	0.625 0	0.534 8	0.092 5	0.064 1	0.334 2	0.167 6
N	1 070	1 002	625	481	164	156

注：***、**和*代表的显著性水平分别为1%、5%和10%。

4.5.4 审计师任期的影响

储一昀等（2011）发现，审计师任期会显著影响分析师行为；而且，审计任期越长，审计师与被审计单位的熟悉度越高（Singer and Zhang，2018），因事务所合并而对审计业务产生的冲击可能越小。那么，审计任期的长短是否影响事务所合并与分析师行为之间的关系？为对此进行分析，我们分别按照事务所层面和签字审计师层面的审计任期进行分组检验。表4-9报告了分组检验结果。整体而言，我们并没有发现一致的证据表明审计任期会显著影响会计师事务所合并与分析师行为之间的关系。一个可能的原因是事务所合并会导致审计师变更。

表4-9 审计师任期的影响

Panel A：事务所层面

	AFN		*AFE*		*DISP*	
	较长	较短	较长	较短	较长	较短
截距	-0.6951*** (-2.96)	0.0293 (0.15)	-0.2986 (-0.09)	-0.4282 (-0.20)	-0.6112* (-1.72)	0.3805* (1.98)
MA	-0.0798 (-1.09)	0.0821 (1.37)	-0.4763 (-0.69)	1.0323* (1.73)	-0.0562 (-0.96)	0.0130 (0.26)
Post	-0.2040*** (-2.81)	-0.0703 (-1.20)	1.3096* (1.89)	0.3095 (0.50)	0.0503 (0.90)	0.0654 (1.43)
MA×*Post*	0.2165** (2.15)	0.1543* (1.82)	-1.1887 (-1.24)	-0.5678 (-0.68)	-0.0100 (-0.12)	-0.1454** (-2.26)
控制变量	控制	控制	控制	控制	控制	控制
行业	Y	Y	Y	Y	Y	Y
年度	Y	Y	Y	Y	Y	Y
R^2	0.5181	0.4773	0.0457	0.1175	0.2641	0.3089
N	929	1143	568	538	143	177

续表

Panel B：签字审计师层面

	AFN		AFE		DISP	
	较长	较短	较长	较短	较长	较短
截距	-0.283 6 (-1.31)	-0.102 3 (-0.47)	-0.539 8 (-0.22)	0.584 6 (0.20)	-0.338 3* (-1.77)	-0.194 5 (-0.62)
MA	-0.043 8 (-0.66)	0.060 0 (0.92)	-0.029 3 (-0.05)	0.526 6 (0.78)	-0.017 9 (-0.41)	0.079 2 (1.08)
Post	-0.144 6** (-2.19)	-0.112 9* (-1.78)	0.437 1 (0.72)	1.714 2** (2.46)	-0.011 9 (-0.29)	0.204 4** (2.57)
MA × *Post*	0.220 2** (2.35)	0.143 6 (1.59)	-0.886 5 (-1.05)	-1.180 5 (-1.24)	0.010 1 (0.17)	-0.229 7** (-2.00)
控制变量	控制	控制	控制	控制	控制	控制
行业	Y	Y	Y	Y	Y	Y
年度	Y	Y	Y	Y	Y	Y
R^2	0.485 7	0.514 8	0.116 1	0.082 4	0.250 0	0.335 7
N	1 042	1 030	594	512	210	110

注：***、**和*代表的显著性水平分别为1%、5%和10%。

4.5.5 代理成本的影响

现有研究发现，会计信息可比性会影响代理成本，而代理成本会通过信息不对称影响分析师行为（袁振超等，2016；江轩宇等，2017）。那么，会计师事务所合并对分析师行为的影响是否因代理成本的高低而出现差异？为此，我们分别按照第一类代理成本和第二类代理成本的高低将样本分为两组进行分组检验。表4-10报告了分组回归结果。

在Panel A中，没有一致性证据表明第一类代理成本会显著影响会计师事务所合并与分析师行为之间的关系。但Panel B的结果表明，会计师事务所合并与分析师行为之间的关系主要发生在第二类代理成本比较低的样本中。

表 4-10 代理成本的影响

Panel A：第一类代理成本

	AFN		AFE		DISP	
	高	低	高	低	高	低
截距	-0.227 7 (-1.32)	-0.026 7 (-0.08)	0.541 9 (0.18)	-0.263 1 (-0.10)	0.016 1 (0.07)	0.103 9 (0.38)
MA	0.029 4 (0.48)	-0.052 4 (-0.77)	-0.500 3 (-0.57)	0.611 6 (1.28)	0.080 0 (1.42)	0.000 4 (0.01)
Post	-0.079 2 (-1.32)	-0.167 3** (-2.51)	1.596 7* (1.80)	0.160 5 (0.33)	0.072 3 (1.37)	0.068 4 (1.41)
MA×Post	0.127 4 (1.49)	0.229 3** (2.41)	-1.301 3 (-1.10)	-0.911 4 (-1.33)	-0.200 4** (-2.55)	-0.072 8 (-1.06)
控制变量	控制	控制	控制	控制	控制	控制
行业	Y	Y	Y	Y	Y	Y
年度	Y	Y	Y	Y	Y	Y
R^2	0.449 0	0.532 0	0.125 5	0.037 4	0.192 9	0.364 9
N	1 036	1 036	456	650	160	160

Panel B：第二类代理成本

	AFN		AFE		DISP	
	高	低	高	低	高	低
截距	-0.455 1** (-2.33)	0.117 3 (0.46)	0.999 8 (0.32)	0.893 4 (0.35)	-0.374 9 (-1.21)	0.295 3 (1.53)
MA	0.111 5* (1.77)	-0.115 5* (-1.74)	-0.591 9 (-0.94)	0.920 4 (1.45)	0.009 3 (0.15)	0.043 0 (0.92)
Post	-0.122 0** (-1.99)	-0.132 8** (-2.04)	0.783 0 (1.15)	0.993 2 (1.62)	0.039 4 (0.70)	0.073 6 (1.49)
MA×Post	0.110 7 (1.28)	0.273 1*** (2.93)	0.101 5 (0.12)	-1.986 7** (-2.25)	-0.091 2 (-1.15)	-0.117 0* (-1.70)
控制变量	控制	控制	控制	控制	控制	控制

续表

	AFN		*AFE*		*DISP*	
	高	低	高	低	高	低
行业	Y	Y	Y	Y	Y	Y
年度	Y	Y	Y	Y	Y	Y
R^2	0. 521 3	0. 502 4	0. 116 1	0. 084 8	0. 250 5	0. 251 3
N	1 036	1 036	453	653	160	160

注：*** 、** 和 * 代表的显著性水平分别为 1% 、5% 和 10% 。

4. 5. 6　产权性质和市场化程度的影响

多项研究表明，产权性质和市场化程度会显著影响上市公司信息披露质量（刘永泽等，2013；王亮亮等，2013；司茹，2013；李志斌等，2017；钱爱民和郁智，2017；闫婉姝等，2017；张蕊和王洋洋，2018），那么，它们是否会因影响信息披露质量而影响会计师事务所合并与分析师行为之间的关系？为此，我们进行了如下三项检验。

首先，我们按照产权性质将样本分为国有和非国有两组，重复主回归，结果报告在表 4 - 11 的 Panel A。可以看到，没有一致证据表明产权性质会显著影响会计师事务所合并与分析师行为之间的关系。

其次，我们按市场化指数的高低将样本分为两组，重复主回归，结果报告在表 4 - 11 的 Panel B。可以看到，也没有一致证据表明市场化进程会显著影响会计师事务所合并与分析师行为之间的关系。

最后，我们按照中介和法律组织的发育程度将样本分为两组，重复主回归，结果报告在表 4 - 11 的 Panel C。可以看到，仍没有一致证据表明中介和法律组织的发育程度会显著影响会计师事务所合并与分析师行为之间的关系。

表4－11　　产权性质和市场化程度的影响

Panel A：产权性质的影响

	AFN		*AFE*		*DISP*	
	国有	非国有	国有	非国有	国有	非国有
截距	−1.970 0*** (−10.64)	−0.911 5*** (−3.76)	0.159 0 (0.07)	10.087 2** (2.36)	0.016 6 (0.06)	−0.020 6 (−0.04)
MA	0.044 9 (0.89)	−0.099 2 (−1.41)	0.284 4 (0.59)	−0.435 6 (−0.40)	0.003 9 (0.10)	0.023 7 (0.16)
Post	−0.082 6* (−1.66)	−0.217 6*** (−3.16)	0.598 0 (1.21)	1.544 4 (1.39)	0.060 3 (1.55)	0.175 4 (1.52)
MA×Post	0.104 9 (1.48)	0.237 5** (2.41)	−0.812 2 (−1.19)	−1.467 9 (−0.98)	−0.100 1* (−1.78)	−0.138 9 (−0.78)
控制变量	控制	控制	控制	控制	控制	控制
行业	Y	Y	Y	Y	Y	Y
年度	Y	Y	Y	Y	Y	Y
R^2	0.627 0	0.517 9	0.050 4	0.189 8	0.206 6	0.247 1
N	1 401	671	831	275	267	53

Panel B：市场化程度的影响

	AFN		*AFE*		*DISP*	
	高	低	高	低	高	低
截距	−0.123 9 (−0.32)	−0.495 7** (−2.58)	−0.574 8 (−0.20)	−0.369 1 (−0.15)	−0.026 6 (−0.17)	−0.278 4 (−0.84)
MA	−0.004 7 (−0.07)	0.048 0 (0.71)	0.849 4 (1.31)	−0.035 1 (−0.06)	−0.069 7 (−1.34)	0.066 9 (1.33)
Post	−0.154 0** (−2.49)	−0.088 0 (−1.31)	0.729 2 (1.12)	1.060 7* (1.66)	0.019 2 (0.38)	0.118 0** (2.54)
MA×Post	0.171 9* (1.95)	0.153 8 (1.62)	−1.547 0* (−1.74)	−0.978 5 (−1.12)	−0.022 9 (−0.32)	−0.175 8** (−2.55)
控制变量	控制	控制	控制	控制	控制	控制
行业	Y	Y	Y	Y	Y	Y
年度	Y	Y	Y	Y	Y	Y
R^2	0.463 6	0.519 9	0.143 9	0.066 9	0.292 9	0.366 2
N	1 031	1 041	490	616	157	163

续表

Panel C：中介和法律组织的发育程度

	AFN		AFE		DISP	
	高	低	高	低	高	低
截距	0.0822 -0.44	-0.5013*** (-2.70)	-0.2551 (-0.09)	-0.2217 (-0.09)	-0.0015 (-0.01)	-0.1007 (-0.37)
MA	0.0134 -0.21	0.0521 -0.77	0.7461 (1.17)	-0.1980 (-0.32)	-0.0572 (-1.10)	0.0194 (0.39)
Post	-0.1535** (-2.48)	-0.0904 (-1.36)	0.7693 (1.18)	0.9066 (1.43)	0.0283 (0.55)	0.0984** (2.09)
MA × *Post*	0.1887** -2.13	0.1417 -1.51	-1.5506* (-1.74)	-0.8407 (-0.97)	-0.0273 (-0.37)	-0.1609** (-2.29)
控制变量	控制	控制	控制	控制	控制	控制
行业	Y	Y	Y	Y	Y	Y
年度	Y	Y	Y	Y	Y	Y
R^2	0.4709	0.5228	0.1393	0.0736	0.3381	0.3401
N	1007	1065	491	615	152	168

注：***、**和*代表的显著性水平分别为1%、5%和10%。

4.6 研究结论

我们以2002—2017年发生的会计师事务所合并事件为外生冲击，运用DiD分析模型探讨了会计师事务所合并对分析师行为的影响。结果表明，会计师事务所合并会显著提升被审计单位跟踪分析师的数量，其分析师预测的准确度显著上升，分歧度显著下降。安慰剂测试和随机化处理测试结果表明，分析师行为的变化主要是由事务所合并引起。进一步的分析显示：分析师行为变化主要出现在规模较大的事务所参与的样本中、审计师无行业专长的样本中以及审计师的客户重要性比较低的样本中。此外，我们没有发现一致性证据显示审计任期、产权性质或市场化进程等因素会显著影响会计师事务所合并与分析师行为之间的关系。

第 5 章　高铁开通对审计效率的影响

本章借助高铁开通这一准自然实验背景，考察了审计师与客户间的地理距离对审计效率的影响。本章研究发现，高铁开通让审计师在保证审计质量的同时，提高了审计效率，减少了审计延迟。进一步的分析发现，高铁开通对审计效率的影响与地理距离无关，而是通过改善公司信息环境发挥作用的，即高铁开通吸引了更多的机构投资者，降低了公司的信息不对称程度。与此相对应，高铁开通对审计效率的影响在系统风险比较高、融资约束比较高和公司治理比较弱的样本中更加显著。本章的主要研究结果通过了安慰剂测试和平行趋势检验，也不受高速列车线路数量和地区固定效应的影响。结果表明，企业信息沟通环境改善对审计效率的影响远远大于时间距离压缩效应。

5.1　引言

及时性和可靠性是会计信息的重要质量特征，及时可靠的会计信息会影响信息使用者的决策行为和预期回报（Feltham，1972）以及会计盈余的信息含量（Chambers and Penman，1984 等）。由于上市公司的年度报告必须接受审计，因此，审计效率对会计信息的及时性和可靠性产生重要影响（Givoly and Palmon，1982）。为了保持资本市场的竞争力，证券监管部门和投资者都在呼吁提高审计效率，并将如何提高审计效率问题列为审计研究的前十大心愿榜（Nusbaum，2007）。

现有研究通常用审计时间或审计延迟来代表审计效率（Kang et al.，2015；Knechel and Sharma，2012），并发现影响审计效率的因素主要是审计业务的复杂性和审计风险，如客户规模、公司业务的复杂性、公司经营风险（Pizzini et al.，2015）、风险管理体系、信息技术水平、内部信息环境等（Chen et al.，2014；Bailey et al.，2018）。但是，鲜有研究讨论审计师与客户之间的地理距离和公司所处的信息沟通环境对审计效率的影响。本书即对这些问题进行了深入讨论，有助于填补这个研究空白。

现有研究表明，地理距离会影响经济主体间的信息传递速度和质量（Audretsch and Stephan，1996），也会影响专业决策者的信息搜集效率和质量。地理临近会给本地经济主体带来信息优势，如投资于本地公司的投资者能够获得更高的投资回报（Coval and Moskowitz，2001；Ivkovic and Weisbenner，2005）；分析师跟踪本地公司的可能性更高（O'Brien and Tan，2015）；跟踪本地公司的分析师预测准确率更高（Malloy，2005；Bae et al.，2008）；证监会对距离较近公司的监管效率更高（Kedia and Rajgopal，2011；DeFond et al.，2011）等。

延伸至审计领域，地理距离也影响了审计质量。如距离证监会较近的上市公司的盈余质量更高（于鹏和申慧慧，2018）；本地审计师的审计质量更高（Choi et al.，2012；Jensen et al.，2015；刘文军，2014；裴红梅和杜兴强，2015）。但是，由于本地审计师的独立性较弱，也可能出现审计合谋问题，从而降低审计质量（Chan et al.，2006；Wang et al.，2008；李奇凤和宋琰纹，2007；杜兴强等，2011；申慧慧等，2017）。那么，地理距离是否会影响审计效率呢？现有文献鲜有涉及。

本章关注地理距离与审计效率之间的关系：首先，审计师只有一个，能直接客观衡量两者之间的地理距离；其次，审计有明确的时间限制，而且存在横截面差异，可以更直接地衡量审计效率；再次，地理距离会直接增加审计师与客户之间的信息沟通成本和效率，与审计效率发生直接相关关系的可能性更大；最后，审计效率受审计独立性干扰的可能性较小，能够更好地观测地理距离对审计行为的影响。

分析地理距离对专业决策者信息搜集效率的影响，会面临一个内生性问题。这是因为，地理距离和决策质量很可能是同时被决定的，我们很难准确观测一些同时影响地理距离选择和决策质量的重要因素。如选择距离证监会较近的地理位置，可能具有更好的公司治理、高管个人能力和高管诚信等，这些因素可能会影响公司的信息质量，进而影响证监会的监管效率。在研究中，很难把这些重要因素全部控制住，而这些变量的缺失将产生严重的估计偏误，降低研究结果的说服力。如果能够通过某种方式，有效识别地理距离的外生变化，就有利于准确建立地理距离与信息搜集效率之间的相关关系。

快速安全便捷的高铁极大地压缩了沿线城市间的交通时间，使地区间交流的时间距离缩短，事实上达到了地理距离缩短的外生效果。因此，高铁开通为本书克服内生性问题，建立地理距离与审计效率之间的相关关系提供了理想的准自然实验情境。首先，高铁开通会有效缩短公司所在地与全国各主要城市的交通时间，降低了其信息沟通成本（龙玉等，2017），缩短了城市间的时间距离；其次，高铁开通是分次进行的，可以形成错层的准自然实验情境。2008年2月26日，铁道部和科技部签署计划，共同研发经营时速380千米的新一代高速列车，开创了中国高铁的蓝图。2008年8月1日，中国第一条具有完全自主知识产权、达到世界水平的时速350千米的高速铁路京津城际铁路通车运营；2009年12月26日，武广高铁开通运营；截至2012年底，中国高速铁路运营里程达9 356千米；此后，以平均每年约3 300千米的速度递增①。这就形成了一个错层的准自然实验情境，能够更有效减少其他不可观测的因素或者其他替代性解释对研究结论带来的干扰（陈胜蓝和马慧，2017），有利于本书把地理距离与审计效率的关系从其他不可观测因素的影响中分离出来。

我们认为，高铁开通提升了沿线城市的空间可达性和通达性（钟业喜等，2015），其对审计效率的影响可能与两个效应有关。第一个效应是距离效应。高铁开通让审计师与客户之间的交通更加顺畅快捷，直接影响了审计师与客户之间的沟通距离（郭阳生等，2018；杜兴强等，2018），从而达到了有效缩短地理距离的作用。第二个效应是信息环境效应。高铁开通能有效压缩企业与其他信息使用者之间的沟通时间，降低其他信息使用者的信息搜集成本，改善企业的信息沟通环境（龙玉等，2017；赵静等，2018），让客户与监管者或其他信息使用者的沟通交流更加快捷顺畅，从而达到了改善企业信息沟通环境的效果。从这个意义上讲，高铁开通：①能够节约专业信息使用者的信息搜集时间，方便他们更加方便快捷地访问公司，获得第一手信息，从而能吸引更多的专业投资者。专业投资者的加入，则能改善公司治理结构、提高公司治理质量（Chung and Zhang，2011）；②能够缩短公司与证券监管部门的时间距离，提高证券监管部门的监管效率（Kedia and Rajgopal，2011；DeFond et al.，2011），进而推动公司提高公司治理和管理水平；③能够促进资本和人才流动，优化资本要素在企业间的配置（杜兴强和彭妙薇，2017），有助于提升企业的人员素质和管理水平，提高信息沟通能力。综合以上三点，我们预期，高铁开通能够改善企

---

① 截至2018年底，中国高铁运营里程达到2.9万千米，详情见 http：//news.gaotie.cn/yunying/2018-12-24/486870.html。

业的信息沟通环境，提高企业提供的信息质量，让审计师在保证审计质量的同时，有效提高工作效率，缩短审计延迟。

我们以 2002—2017 年 A 股上市公司为研究样本，按照上市公司总部是否开通高铁来设置处理组和控制组，借鉴陈胜蓝和马慧（2017）的准自然实验研究方法，使用 Bertrand 和 Mullainathan（2003）针对错层准实验情景设计的双重差分（DiD）方法来估计高铁开通对审计效率的影响。与现有文献一致，我们用审计延迟来衡量审计效率（Kang et al. 2015；Knechel and Sharma，2012），结果发现，相比没有开通高铁的非试点公司，试点公司开通高铁以后，审计延迟减少 2.57%（相当于 2.25 天）。而且，虽然审计延迟缩短了，审计质量并没有下降，在以可操控性应计利润来衡量审计质量时，高铁开通以后，审计质量还得到了显著提升。

进一步的分析发现，高铁开通推动审计效率提升的主要原因是企业信息环境变化带来的信息质量提升（信息环境效应），而不是企业与审计师之间相对时间距离变化带来的沟通交流成本变化（距离效应）。我们认为，如果距离效应成立，那么，①审计师所在地开通高铁同样会缩短审计师与客户之间的时间距离，也会达到提升审计效率的作用；②审计师与上市公司之间的地理距离越远，就越能从高铁开通中获益，即高铁开通会给其带来更高的审计效率提升；③审计师与上市公司不在同一座城市，会从高铁开通中获得更多的收益，即高铁开通会给异地审计师带来更高的审计效率提升。但是，我们的研究结果并不支持以上任何一个假设。也就是说，高铁开通对审计效率的影响与时间距离变化无关。

我们发现，高铁开通能够有效降低企业与投资者之间的信息不对称程度，吸引更多的机构投资者，改善公司的信息沟通环境。与此相一致，机构投资者持股比例在高铁开通与审计效率之间的关系中发挥了部分中介效应。由于机构投资者具有改善公司治理结构、提高公司治理质量的作用（Chung and Zhang，2011），所以，高铁开通的审计效率提升作用对信息不对称程度较高的公司更加显著。具体来说，在系统风险高、融资约束高和公司治理弱的样本中，高铁开通带来的审计效率提升作用更加显著。这些结果支持本书提出的信息环境效应假说。

此外，我们还讨论了审计效率提升的受益方。我们发现，高铁开通以后，审计费用并没有显著降低，即审计效率提升的主要受益方是审计师。但是，以城市层面的行业市场份额（Chen and Ma，2018）来衡量审计师的议价能力以后，我们发现审计效率提升的受益方取决于审计师的议价能力。如果审计师的议价能力强，就能够有效提高审计收费，从审计效率提升中获得更多的收益。

我们通过如下测试来增加研究结果的可靠性：

第一，高铁开通并不是完全随机的事件，这种选择性偏误可能使研究结果受到内生性问题的干扰。为此，我们采用两种方法解决。①采用倾向得分匹配法（PSM）重新选择控制样本，之后再使用 DiD 方法；②进行安慰剂对照测试。无论采用哪种检验方法，本章的主要研究结果不变。

第二，使用 DiD 模型有一个重要假设，即研究样本和控制样本在事件发生前具有平行趋势，我们采用两个方法来对此进行检验。①以 2008 年以后的高铁开通数据来设置虚拟变量，对 2008 年以前的样本进行相同检验；②借鉴 Serfling（2016）在错层准自然实验情境下的平行趋势检验方法，将高铁开通情况按照时段划分并设置虚拟变量来观察平均处理效应的时间趋势。无论采用哪一种检验方法，我们的样本均满足平行趋势假定。

第三，控制交通基础设施改善的影响。杜兴强等（2018）发现，交通基础设施改善会显著提高审计质量。为了将交通基础设施改善与高铁开通相区别，我们参考杜兴强等（2018），增加了高速列车线路数量变量。在控制交通基础设施改善的影响以后，我们的主要研究结果依然不变。

杜兴强等（2018）研究了交通基础设施改进对审计质量的影响，与本书研究问题的相关性很大。他们发现，交通基础设施改进降低了审计师选择的“地缘偏好”，降低了公司聘请异地审计师的费用，提高了异地审计师的审计质量。但是，他们的研究变量是高铁线路数量，并没有采用严格的双重差分分析。他们的研究结果只能表明交通基础设施的横截面差异，并不能准确建立地理距离与审计质量之间的关系，也不能解决前文提到的遗漏变量问题对研究结果的可能影响。而且，他们也没有讨论交通基础设施对审计效率的影响，这使本书同样具有研究价值。

本书的可能研究贡献是：①首次试图分析地理距离对审计效率的影响。前人对审计效率的研究主要集中在审计业务的复杂性和审计风险领域，我们聚焦审计师与客户之间的地理距离，通过高铁开通拉近审计师与客户之间的交通距离这一事件，考察了距离变化对审计效率的影响，拓展了有关审计效率的研究。②提出了影响审计效率的另外一个可能——公司所处的信息沟通环境。我们以高铁开通来衡量企业信息沟通环境的变化，直接考察了信息沟通环境对审计效率的影响。③进一步拓展了有关地理距离对审计行为影响的研究。虽然已经有很多文献试图讨论地理距离与审计质量之间的关系，但是，囿于其研究局限性，即无法控制的内生性问题，观察到的关系很可能只是横截面差异，是由公司信息沟通环境等差异引起的。本书的研究结果可以帮助我们更好地了解地理距离与审计质量之间的关系。④以高铁开通这个准自然实验为背景进行分析，进一步丰富了有关交通基础设施改进对企业信息沟通环境影响的研究。

本章接下来的安排是：第二部分是文献综述和研究假说；第三部分是研究设计；第四部分是实证分析结果；第五部分是稳健性检验；第六部分是进一步分析；第七部分是本章的研究结论与启示。

5.2 文献综述和研究假说

5.2.1 审计延迟与信息环境

审计延迟是财务报告日与审计报告签发日之间的时间间隔，代表审计所需的时间和努力程度。在风险导向审计模式下，风险识别和评估是审计风险控制流程的起点，也是影响审计程序和专业判断的重要因素。客户信息环境越差，公司业务越复杂，风险越大，也即信息环境越差、信息不对称程度越高，审计延迟就越多。如公司规模、业务复杂性、盈利状况、是否存在非经常性项目、财务杠杆、审计意见、内部控制、内审质量（Pizzini et al.，2015）、盈余管理（Asthana，2014）、风险管理系统（Bailey et al.，2018）、信息技术水平（Chen et al.，2014）等均对审计延迟有重要影响（Ashton et al.，1987）。

除了内部信息环境以外，外部信息环境同样会影响企业的信息不对称程度，影响审计师行为。如法治环境越好，盈余管理问题越少（Choi and Wong，2007）；投资者保护程度越高，开发费用资本化对审计费用的影响越小（Kuo and Lee，2018）；地方官员变更，政策不确定性越大，审计意见越保守（李茫茫和黎文靖，2017），审计费用越高（杨鑫等，2018）；环境不确定性带来的审计风险导致审计师更难评估企业整体风险，从而需要更多的审计证据和审计程序来发表恰当的审计意见，加剧了审计延迟，提高了审计收费（褚剑等，2018）；媒体负面报道越多，负面新闻越多，审计收费越高（刘笑霞等，2017；马壮等，2018）。

但是，刘笑霞等（2017）并没有发现媒体负面报道对审计延迟产生显著影响。这说明，负面信息虽然给审计师提供了更多有关公司风险的信息，增加了审计风险，却并不一定影响企业的信息环境，不一定影响审计师获得有效信息的质量或成本，因此，不一定因增加额外的审计工作而影响审计延迟。

上述研究表明，审计师获得的有效信息质量和成本会影响审计工作量和审计判断。在此基础上，我们推断，如果企业信息环境改善，信息质量提高，就可以在一定程度上减少审计师的信息搜集和整理工作，提高审计效率、减少审计延迟。

5.2.2 地理距离与信息获取

地理距离是指两个经济主体在空间上和时间上的长度。地理距离临近，主体之间不仅能传递隐性知识，同时还能进行便捷的内部交流（李琳和韩宝龙，2009）。因此，地理距离增加了主体间的信息搜寻和沟通成本，会影响外部经济主体对公司信息的获取能力，从而影响其以信息为基础的决策效果。具体表现为：①地理距离让本地投资者更具信息优势，投资于本地公司时，可以获取更高的投资回报（Coval and Moskowitz，2001；Ivkovic and Weisbenner，2005）；②本地分析师的预测准确度要高于异地分析师（Malloy，2005），而且，对于信息披露量较少、盈余管理较多的分析对象，本地分析师的优势更加显著（Bae et al.，2008）；③本地交易所的互惠基金管理者的获利能力高于距离较远的管理者（Coval and Moskowitz，2001）；④在金融中心的互惠基金的收益率优于偏远基金（Christoffersen and Skarkissian，2009）等；⑤母子公司距离越远，内部控制质量越差，公司价值越小（李彬，2015）。

拓展到审计领域，地理距离同样影响了审计师的信息获取和专业判断。现有研究发现：①地理距离会影响审计师对外部专家的信赖程度，距离越远，信赖度就越差，审计师就越不愿意减少审计时间（Weisner and Sutton，2015）；②地理距离会影响审计师的专业判断，异地审计师的审计质量低于本地审计师（Jensen et al. 2015；

刘文军，2014；裴红梅和杜兴强，2015）；③公司能够观测到本地审计师和异地审计师的质量区别，只有在特殊情况下才会选择异地审计师。这些特殊情况包括：本地审计师资源有限；本地审计师不愿意接受高风险客户；本地审计师收取了更高的审计风险溢价等（Li and Yu，2013）。

虽然中国的制度背景与国外不同，也有学者发现，本地审计师的独立性较弱，影响了审计质量（李奇凤和宋琰纹，2007；杜兴强等，2011；申慧慧等，2017）。但是，地理距离同样影响了审计师的专业判断，如高铁开通以后，异地审计师的审计质量有所提高（杜兴强等，2018）。以上研究表明，地理距离会影响专业人士的信息获取和处理，影响其专业判断。

5.2.3 高铁开通与信息环境

高铁开通提升了沿线城市的空间可达性和通达性（钟业喜等，2015），增加了沿线城市的旅游客流量（邓涛涛等，2016）；交通时间的节约提高了城市经济产出的空间外溢效应（王雨飞和倪鹏飞，2016），显著提升了沿线城市的固定资产投资和经济增长（张俊，2017），对区域经济一体化起到了明显的促进作用（石林等，2018）。同时，高铁开通促进了资本和人才流动，优化了资本要素在企业间的配置，提升了公司的高级人才聘用能力，促进了沿线城市的技术创新和经济发展（杜兴强和彭妙薇，2017），提高了企业生产率（李欣泽等，2017）。

我们认为，高铁开通给沿线城市带来的上述种种便利最终会影响企业的信息环境，缩短企业与外部沟通交流的成本，吸引更多的投资者实地调研，接受更多的监督和约束，从而降低企业的信息不对称程度、提高信息透明度和质量。如郭阳生等（2018）发现，审计师地理距离越远，企业的内部控制质量越低。但是，如果以是否修建高铁来衡量时间距离的改变，则高铁开通能够有效削弱地理距离给内控质量带来的负面影响。

综合上述研究，我们认为，高铁开通首先会缩短审计师与客户之间的时间距离，提升审计师的信息搜集效率和质量；其次，会改善沿线上市公司的信息环境，信息环境的改善则会减少审计师的信息搜集和整理工作成本，提高审计效率。因此，本章提出的研究假说是：

H1：相比于未开通高铁的样本，高铁开通会降低审计延迟，提高审计效率。

5.3 研究设计

5.3.1 研究模型

借鉴陈胜蓝和马慧（2017）错层的准自然实验研究方法，我们用模型（5.1）分析高铁开通对审计效率的影响。

$$LN\_LAG_{i,t} = \beta_0 + \beta_1 HSR_{i,t} + Controls_{i,t} + \mu_t + \gamma_i + \varepsilon \qquad (5.1)$$

其中，*LN_LAG* 是审计延迟，代表审计效率。审计延迟是少数能够从外部观测到的、可公开获得的与审计效率相关的变量（Bamber et al.，1993）。在审计效果既定的前提下，审计延迟在很大程度上可以反映审计效率（刘晓霞和李明辉，2016）。借鉴现有文献，我们将审计延迟定义为审计报告日与会计期间结束日的间隔天数，并取其自然对数。*HSR* 是高铁开通的虚拟变量，为本章关键解释变量。对于高铁开通后的公司/年样本，取值为1；其他情况取值为0。借鉴陈胜蓝和马慧（2017），模型（5.1）中还控制了年度（μ_t）和公司固定效应（γ_i），*HSR* 相当于 DiD 分析中的交互项（*Treat* × *Post*），年度固定效应的加入替代了 *Post*，公司固定效应的加入则替代了 *Treat*。如果我们的假说 H1 成立，即高铁开通能够显著提高审计效率，则预期 β_1 在回归中的估计系数显著为负。*Controls* 为影响审计效率的其他因素，具体定义见表 5－1。

表 5－1　变量定义

变量	定义
LN_LAG	审计报告日与会计期间结束日的间隔天数取自然对数
HSR	虚拟变量，高铁开通后的公司/年样本，取值为 1；其他情况取值为 0
QUICK	速动资产/总资产
AR	应收账款/总资产
INV	存货/总资产
TURN	销售收入/总资产
ROA	净利润/总资产
LOSS	虚拟变量，亏损年度，取值为 1；否则，取值为 0
B/M	账面/市值
LEV	资产负债率
SIZE	总资产（以百万元为单位）的自然对数
AGE	会计期间结束日与上市日的间隔年数
HERF5	前 5 大股东持股比例的平方和
SOE	虚拟变量，国有企业，取值为 1；否则，取值为 0
*BIG*10	虚拟变量，中注协相应年度百强中的前 10 名，取值为 1；否则，取值为 0
INS	机构投资者持股比例
BOARD	董事会成员数量的自然对数
INDEP	董事会中独立董事所占比例
DUAL	虚拟变量，如果董事长兼任 CEO，取值为 1；否则，取值为 0
SWITCH	虚拟变量，如果当年发生事务所变更，取值为 1；否则，取值为 0
PSIZE_AF	事务所层次的客户组合，等于该事务所在 t 年审计的所有客户总资产（单位为万元）的自然对数之和，为避免估计系数过小，再除以 10 000
CI_AF	事务所层次的客户重要性，等于客户 i 的总资产的自然对数/ 该事务所在 t 年审计的所有客户总资产的自然对数之和
TEN_AF	事务所任期（单位为年）的自然对数

5.3.2 研究样本及数据来源

我们以2002—2017年A股公司的公司/年样本为基础，去掉金融业样本、无审计师信息的样本、上市公司注册地与总部所在地不一致的样本以及分析所需其他数据不全的样本，最终得到24 661个公司/年样本。

书中所用高铁数据来自中国高铁网，中国注册会计师协会历年的百强数据来自中国注册会计师协会网站，其他数据来自CSMAR数据库并经过手工整理。为避免极端数据的影响，所有连续变量均在1%和99%分位数进行缩尾处理。

5.4 实证分析结果

5.4.1 描述统计

表5－2给出了主要变量的描述统计结果。*LAG*的平均值为90.545，中位数为90；*LN_LAG*的平均值为4.472，中位数为4.500，与刘笑霞和李明辉（2016）的结果相差不大。*HSR*的平均值为0.560，即约56%的公司/年样本为高铁开通后数据，这一比例高于赵静等（2018），主要原因是增加了2015—2017年数据，而这三年的样本中，*HSR*＝1的样本占比约为86%①。

① 赵静等（2018）的数据显示，2014年末大约69.9%的公司所在地开通了高铁。我们认为，随着后续高铁线路的开通，2015—2017年样本中*HSR*＝1的样本占比超过80%是合理的。

表5－2　　主要变量的描述统计

变量	均值	中值	标准差	最小值	Q1	Q3	最大值
LAG	90. 545	90	20. 908	27	79	109	118
LN_LAG	4. 472	4. 500	0. 282	3. 296	4. 369	4. 691	4. 771
HSR	0. 560	1	0. 496	0	0	1	1
QUICK	0. 317	0. 299	0. 168	0. 038	0. 184	0. 428	0. 766
AR	0. 113	0. 088	0. 101	0	0. 031	0. 165	0. 459
INV	0. 161	0. 124	0. 146	0	0. 065	0. 205	0. 737
TURN	0. 685	0. 566	0. 489	0. 065	0. 364	0. 854	2. 775
ROA	0. 039	0. 035	0. 057	－0. 172	0. 013	0. 066	0. 211
LOSS	0. 097	0	0. 296	0	0	0	1
B/M	0. 417	0. 358	0. 264	0. 040	0. 220	0. 551	1. 313
LEV	0. 458	0. 463	0. 207	0. 054	0. 299	0. 617	0. 906
SIZE	7. 826	7. 669	1. 217	5. 448	6. 964	8. 496	11. 677
AGE	2. 151	2. 303	0. 707	0. 693	1. 609	2. 708	3. 258
HERF5	0. 171	0. 140	0. 123	0. 006	0. 076	0. 240	0. 569
SOE	0. 492	0	0. 500	0	0	1	1
BIG10	0. 442	0	0. 497	0	0	1	1
INS	0. 111	0. 048	0. 159	0	0. 015	0. 119	0. 720
BOARD	2. 282	2. 303	0. 182	1. 792	2. 197	2. 303	2. 773
INDEP	0. 366	0. 333	0. 053	0. 250	0. 333	0. 400	0. 571
DUAL	0. 201	0	0. 401	0	0	0	1
SWITCH	0. 087	0	0. 281	0	0	0	1
PSIZE_AF	0. 101	0. 049	0. 107	0. 005	0. 022	0. 144	0. 439
CI_AF	0. 025	0. 016	0. 028	0. 002	0. 005	0. 034	0. 163
TEN_AF	1. 569	1. 609	0. 800	0	1. 099	2. 197	3. 258

5.4.2 高铁开通与审计延迟

表5－3报告了初步回归结果，可以看到，在回归1至回归3中，*HSR*的估计系数均在1%的水平上显著为负。比如，在回归3中，*HSR*的估计系数为－0.027，$t=3.31$。这个结果表明，在控制其他因素以后，高铁开通能够显著降低审计延迟。

表5－3　　　　高铁开通与审计延迟

	回归1		回归2		回归3	
	Coef.	*t*	*Coef.*	*t*	*Coef.*	*t*
截距	4.367***	(411.28)	3.988***	(50.16)	3.985***	(49.91)
HSR	－0.025***	(2.90)	－0.027***	(3.29)	－0.027***	(3.31)
QUICK			0.040	(1.64)	0.040*	(1.65)
AR			0.306***	(6.66)	0.306***	(6.65)
INV			0.002	(0.07)	0.003	(0.08)
TURN			－0.042***	(4.54)	－0.042***	(4.52)
ROA			－0.749***	(11.47)	－0.748***	(11.44)
LOSS			0.041***	(5.12)	0.041***	(5.10)
B/M			0.053***	(3.58)	0.052***	(3.56)
LEV			－0.107***	(4.37)	－0.106***	(4.35)
SIZE			0.064***	(10.65)	0.065***	(10.71)
AGE			0.029**	(2.49)	0.023*	(1.81)
HERF5			－0.139***	(3.36)	－0.137***	(3.33)
SOE			0.004	(0.29)	0.003	(0.26)
*BIG*10			0.010*	(1.79)	0.008	(1.29)
INS			－0.061***	(3.81)	－0.061***	(3.80)
BOARD			－0.028	(1.17)	－0.027	(1.13)
INDEP			－0.043	(0.69)	－0.042	(0.69)

续表

	回归1		回归2		回归3	
	Coef.	*t*	*Coef.*	*t*	*Coef.*	*t*
DUAL			0.003	(0.37)	0.003	(0.36)
SWITCH			0.014**	(2.28)	0.024***	(2.69)
PSIZE_AF					0.041	(1.07)
CI_AF					-0.042	(0.29)
TEN_AF					0.007	(1.37)
年度固定效应	控制		控制		控制	
公司固定效应	控制		控制		控制	
调整 R^2	4.59%		9.84%		9.85%	
N	24 661		24 661		24 661	

注：(1) 回归中控制了公司层面的聚集效应。

(2) ***、** 和 * 代表的显著性水平分别为1%、5%和10%。

5.4.3 高铁开通与审计质量

由表5-3可以看出，高铁开通显著减少了审计延迟。现有文献表明，导致审计延迟的原因除了审计效率以外，还可能包括审计范围或审计质量（Munsif et al.，2012；刘晓霞和李明辉，2016）。我们认为，如果审计师出于降低审计成本的需求而不恰当地缩小了审计范围，则审计质量会下降；如果审计延迟减少的主要原因是审计效率提升，则审计质量不会受到显著影响（刘晓霞和李明辉，2016）。

为了区别两种不同可能，我们考察了高铁开通对审计质量的影响。我们采用三个指标衡量审计质量：可操纵应计的绝对值（*ABS_DA*）、可操纵应计（*SIGNED_DA*）以及非标准审计意见（*OPINION*）。其中，可操纵应计的估计模型为修正的截面琼斯模型（Dechow et al.，1995）。表5-4报告了固定效应模型的回归结果。

回归（1）中，*HSR* 的估计系数为 -0.003，在 10% 的水平上显著为负，说明高铁开通能够显著降低可操纵应计的绝对值。在回归 2 中，*HSR* 的估计系数为 -0.007，在 1% 的水平上显著为负，说明高铁开通能够显著降低被审计单位向上操纵盈余的幅度。在回归 3 中，*HSR* 的估计系数为 0.001，不显著区别于 0，说明高铁开通对审计意见类型无显著影响。综合三个回归结果可以看出，高铁开通并不会显著降低审计质量，说明高铁开通对审计延迟的影响得益于审计效率的提高，即上市公司总部所在地开通高铁提升了其审计师的审计效率。

表 5-4　　高铁开通与审计质量

	(1) *ABS_DA*		(2) *SIGNED_DA*		(3) *OPINION*	
	Coef.	*t*	*Coef.*	*t*	*Coef.*	*t*
截距	0.054***	(3.39)	-0.027	(1.20)	0.248***	(3.71)
HSR	-0.003*	(1.73)	-0.007***	(3.11)	-0.001	(0.11)
QUICK	0.022***	(3.88)	-0.091***	(10.99)	-0.010	(0.49)
AR	-0.010	(0.92)	0.284***	(17.67)	0.151***	(3.22)
INV	0.012	(1.61)	0.125***	(11.41)	-0.160***	(5.41)
TURN	0.013***	(5.38)	-0.044***	(12.72)	-0.018**	(2.35)
ROA	0.096***	(4.98)	0.662***	(29.04)	-0.504***	(9.19)
LOSS	0.033***	(16.43)	-0.003	(1.30)	0.050***	(6.28)
B/M	-0.027***	(8.98)	0.014***	(3.56)	-0.053***	(5.14)
LEV	0.036***	(7.00)	-0.024***	(3.17)	0.161***	(7.20)
SIZE	0.001	(0.73)	0.006***	(2.86)	-0.024***	(3.97)
AGE	-0.006**	(2.12)	-0.040***	(10.98)	-0.009	(1.14)
HERF5	0.034***	(3.84)	-0.022*	(1.76)	-0.039	(1.31)
SOE	-0.002	(0.72)	-0.006	(1.64)	-0.020*	(1.79)
BIG10	-0.003***	(2.62)	0.000	(0.13)	0.005	(1.12)

续表

	(1) ABS_DA		(2) SIGNED_DA		(3) OPINION	
	Coef.	t	Coef.	t	Coef.	t
INS	0.001	(0.16)	-0.002	(0.36)	0.002	(0.13)
BOARD	-0.009*	(1.92)	0.007	(1.01)	-0.007	(0.36)
INDEP	-0.007	(0.58)	0.039**	(2.31)	-0.068	(1.48)
DUAL	-0.000	(0.19)	0.001	(0.65)	-0.000	(0.01)
SWITCH	0.004**	(1.97)	-0.005	(1.63)	0.012*	(1.75)
PSIZE_AF	0.001	(0.12)	-0.000	(0.00)	-0.006	(0.20)
CI_AF	-0.005	(0.19)	-0.005	(0.12)	0.017	(0.16)
TEN_AF	-0.001	(0.45)	-0.002	(1.42)	0.003	(0.82)
年度固定效应	控制		控制		控制	
公司固定效应	控制		控制		控制	
调整 R^2	4.81%		17.28%		8.71%	
N	24 661		24 661		24 661	

注：(1) 回归中控制了公司层面的聚集效应。
(2) ***、** 和 * 代表的显著性水平分别为1%、5%和10%。

5.4.4 高铁开通提升审计效率的渠道分析

表5-3和表5-4表明，高铁开通在保证审计质量的同时，提升了审计效率。那么，高铁开通为什么能显著提升审计效率？是因为缩短了审计师与上市公司的时间距离，导致两者间的交通和信息沟通成本降低（距离效应），还是改善了企业的信息环境，导致审计师获取信息的质量和效率提升（信息环境效应）？下面我们分别检验这两种情况的可能性。

(1) 距离效应

如果高铁开通影响审计效率的主要原因是与客户间的时间距离缩短了（杜兴强等，2018；郭阳生等，2018），那么，我们预期：

①审计师所在地开通高铁也可能缩短审计师与客户的时间距离，提高审计效率；②审计师与客户的地理距离越远，越能从高铁开通中获益，高铁开通对审计效率的提升作用越显著；③如果审计师与上市公司不在同一座城市，那么，就会从高铁开通中获得更多的收益，即高铁开通会给异地审计师带来更高的审计效率提升。下文分别对上述三种可能性进行了检验：

①审计师所在地是否开通高铁的影响。我们以审计师所在地是否开通高铁（*HSR_CPA*）代替模型（5.1）中的 *HSR*。如果审计师所在地是否开通高铁会影响审计效率，那么，*HSR_CPA* 在回归中的估计系数应该与 *HSR* 类似。表 5 – 5 的 Panel A 报告了主要回归结果。

表 5 – 5 Panel A 的回归（1）中，*HSR_CPA* 的估计系数为 –0.014，不显著区别于 0，说明审计师所在地开通高铁不会显著提升审计效率。回归（2）中，控制 *HSR_CPA* 以后，*HSR* 的估计系数为 –0.026，在 1% 的水平上显著为负；虽然该数值比表 5 – 3 的 –0.027 略大，但两者之间的差异并不显著；同时，*HSR_CPA* 的估计系数仍然不显著区别于 0，说明审计师所在地是否开通高铁对审计效率没有显著影响。

②审计师与客户间地理距离差异的影响。我们采用两种方法来衡量审计师与客户间地理距离的差异。

其一，按审计师与客户的地理距离（*Distance*）是否高于样本中位数设置虚拟变量 *DIST_CPA*，在回归中引入 *DIST_CPA* 以及交互项 *HSR* × *DIST_CPA*。借鉴陈胜蓝和李占婷（2017），我们根据经纬度计算两地的直线距离 *Distance*，具体公式如下：

$$Distance_{i,j} = 2\pi r/360 \times \arccos(Degree_{i,j}) \tag{5.2}$$

$$Degree_{i,j} = \cos(lat_i) \times \cos(lat_j) \times [\cos(lon_i) \times \cos(lon_j) + \sin(lon_i) \times \sin(lon_j)] + \sin(lon_i) \times \sin(lon_j) \tag{5.3}$$

其中，r 为地球赤道半径，取值为 6 378 千米；lon_i 和 lat_i 分别表示上市公司所在地的经度和维度，lon_j和 lat_j分别表示审计师所在地的经度和维度。

其二，根据陆军等（2013）的测算，在两小时经济圈内，高铁开通的通达时间节约比例高达50%，两小时经济圈外的比例则集中在30%~40%。所以，龙玉等（2017）认为，高铁1~3小时经济圈内的地区都有可能得益于通勤时间的节约。因此，我们按照审计师与客户间的地理距离是否小于300千米、600千米和900千米重新定义虚拟变量 *DIST_CPA*，在回归中引入 *DIST_CPA* 以及交互项 *HSR*×*DIST_CPA*。

表5-5的 Panel B 报告了主要结果。可以看到，在 Panel B 的各回归中，交互项 *HSR*×*DIST_CPA* 的估计系数均不显著区别于0；而 *HSR* 的估计系数仍然显著为负。这说明，地理距离远近并不能有效解释高铁开通对审计延迟的影响。

③审计师与客户是否同城的影响。根据杜兴强等（2018）的研究，受益于时间距离的缩短，上市公司选择异地审计师的可能性与其总部所在地高速列车数量的多少成正比。如果这种时间距离的缩短对审计效率具有类似的效应，那么，在选择异地审计师的样本中，高铁开通对审计效率的影响会更加显著。对此，我们首先参考杜兴强等（2018）设置了有序变量 *Non_Local*：当审计师与客户同城时，*Non_Local*=0；当审计师与客户同省不同城时，*Non_Local*=1；当审计师与客户不同省时，*Non_Local*=2。然后在回归中控制 *Non_Local* 以及交互项 *HSR*×*Non_Local*。另外，我们还按是否同城和是否同省重新定义了虚拟变量*Non_Local*。

表5-5的 Panel C 分别报告了主要回归结果。在 Panel C 的各回归中，交互项 *HSR*×*Non_Local* 的估计系数均不显著区别于0，*HSR* 的估计系数仍然显著为负。这说明，审计师是否同城，不会影响高铁开通与审计效率之间的关系。

综合以上三部分回归结果，我们认为，高铁开通影响审计效率的原因不是时间距离的变化，也即距离效应假说不成立。

表 5-5　　　　渠道检验：距离效应

Panel A：审计师所在地是否开通高铁的影响

	(1)		(2)	
截距	3.981 ***	(49.89)	3.985 ***	(49.91)
HSR			-0.026 ***	(2.97)
HSR_CPA	-0.014	(1.48)	-0.003	(0.28)
Controls	控制		控制	
年度固定效应	控制		控制	
公司固定效应	控制		控制	
调整 R^2	9.79%		9.85%	
N	24 661		24 661	

Panel B：审计师与客户间地理距离差异的影响

	(1) 样本中位数	(2) 300KM	(3) 600KM	(4) 900KM
截距	3.985 *** (49.92)	3.984 *** (49.71)	3.991 *** (49.79)	3.980 *** (49.43)
HSR	-0.027 *** (2.87)	-0.033 *** (3.06)	-0.036 *** (3.02)	-0.029 ** (2.04)
HSR × DIST_CPA	0.001 (0.05)	0.010 (0.90)	0.012 (1.05)	0.003 (0.19)
DIST_CPA	-0.001 (0.11)	-0.001 (0.12)	-0.010 (1.05)	0.005 (0.47)
Controls	控制	控制	控制	控制
年度固定效应	控制	控制	控制	控制
公司固定效应	控制	控制	控制	控制
调整 R^2	9.84%	9.85%	9.85%	9.85%
N	24 661	24 661	24 661	24 661

续表

Panel C：审计师与客户是否同城的影响

	(1) 杜兴强等 (2018)		(2) 是否同城		(3) 是否同省	
截距	3.984***	(49.86)	3.990***	(49.93)	3.981***	(49.80)
HSR	-0.023**	(2.38)	-0.029***	(2.78)	-0.021**	(2.36)
HSR × *Non_Local*	-0.003	(0.62)	0.003	(0.26)	-0.013	(1.36)
Non_Local	-0.001	(0.19)	-0.011	(1.01)	0.005	(0.54)
Controls	控制		控制		控制	
年度固定效应	控制		控制		控制	
公司固定效应	控制		控制		控制	
调整 R^2	9.85%		9.85%		9.85%	
N	24 661		24 661		24 661	

注：(1) 回归中控制了公司层面的聚集效应。
(2) ***、**和*代表的显著性水平分别为1%、5%和10%。

(2) 信息环境效应

如前所述，由于高铁开通提升了沿线城市的空间可达性和通达性（钟业喜等，2015），促进了人才和资本流动等，则会改善企业的信息环境，减少企业与外部沟通交流的成本，从而更容易受到监督和约束。

我们认为，机构投资者与企业的信息环境改善有着显著的相关关系。这是因为，机构投资者是资本市场的积极参与者。现有研究表明，机构投资者有动机搜集更多与公司价值相关的信息（Shleifer and Vishny，1997），更加关注公司的长远利益（Callen and Fang，2013），会监督公司行为，发挥公司治理的职能（Chung and Zhang，2011）。由于地理距离会影响异地投资者的投资收益（Ivkovic and Weisbenner，2005），因此，高铁开通带来的时间距离缩短可能会减少异地投资者的信息劣势，吸引更多的机构投资者。同时，更多机构投资者的加入反过来也会让公司受到更多监督，让信息环境更加透明。如赵静等（2018）就发现，高铁开通可以显著提高机构投资者持股比例，降低股价崩盘风险。

在此基础上，我们认为，如果高铁开通改善了公司的信息环境，那么，就会吸引更多的机构投资者。我们用机构投资者的持股比例变化来替代公司所处信息环境的变化，我们预期，高铁开通会改善其信息环境，使机构投资者的持股比例增加。而机构投资者持股比例的增加会降低审计师的信息收集成本，提升信息质量，提高审计效率。也就是说，机构投资者可能在高铁开通与审计效率提升之间的关系中发挥中介作用。

借鉴 Baron 和 Kenny（1986）与蒋德权等（2018）的渠道检验方法，我们的具体模型如下：

$$INS = \alpha_0 + \alpha_1 HSR + Controls + \varepsilon \tag{5.4}$$

$$LN\_LAG = \beta_0 + \beta_1 HSR + \beta_2 INS + Controls + \varepsilon \tag{5.5}$$

按照路径检验的思路，如果在模型（5.4）的回归中，*HSR* 的估计系数不显著区别于0，则不存在中介效应，渠道检验终止。如果 *HSR* 的估计系数显著区别于0，则说明可能存在中介效应，可以继续模型（5.5）的回归。模型（5.5）的回归结果可能有如下情况：①如果加入 *INS* 后，*INS* 在模型（5.1）回归中的估计系数显著，且 *HSR* 在模型（5.5）中的估计系数不再显著，则 *INS* 在高铁开通影响审计效率的关系中发挥了完全中介效应；②如果 *INS* 在模型（5.1）回归中的估计系数显著，且 *HSR* 在模型（5.5）中的估计系数仍然显著，则 *INS* 在高铁开通影响审计效率的关系中发挥了部分中介效应，此时需要借助 *Sobel z* 检验进一步验证中介效应是否存在；③如果 *INS* 在模型（5.1）回归中的估计系数不显著，但 *HSR* 在模型（5.5）中的估计系数仍然显著，则 *INS* 在高铁开通影响审计效率的关系中不发挥中介效应。

表5－3的回归2和回归3中已经控制了 *INS*，且两个系数均显著为正，属于上述第①或②种情况。表5－6报告了模型（5.4）的

回归结果，采用的控制变量包括 *ROA*、*LOSS*、*B/M*、*LEV*、*SIZE*、*AGE*、*HERF5*、*SOE*、*BIG10*、*BOARD*、*INDEP* 和 *DUAL*。可以看到，*HSR* 的估计系数为 0.048，在 1% 的水平上显著为正，说明高铁开通能够显著提高机构投资者持股比例。根据表 5-3 的回归 3 和表 5-6 的回归结果计算的 *Sobel z* =3.65，显著性水平达到 1%，说明机构投资者在高铁开通和审计效率之间的关系中发挥了部分中介效应。

表 5-6　　高铁开通提升审计效率的渠道检验

被解释变量为机构投资者持股比例 *INS*		
	Coef.	*t*
截距	-0.066 *	(1.93)
HSR	0.048 ***	(13.18)
Controls	控制	
年度固定效应	控制	
公司固定效应	控制	
调整 R^2	37.84%	
Sobel z	3.65 ***	
N	24 661	

注：(1) 回归中控制了公司层面的聚集效应。
(2) ***、** 和 * 代表的显著性水平分别为 1%、5% 和 10%。

5.5　稳健性检验

5.5.1　内生性检验

高铁开通并不是完全随机的事件，这种选择性偏误可能使

表5－3的结果受到内生性问题的干扰。借鉴陈胜蓝和马慧（2017），我们主要采取两种方法缓解该问题：

第一，采用倾向得分匹配法（PSM）重新选择控制样本，之后再使用DiD方法，研究结果见表5－7。可以看到，Panel A中，HSR的估计系数为－0.026，在1%的水平上显著为负，与表5－3的结果保持一致。这意味着在一定程度上控制样本选择偏误后，基本结果依然存在。

第二，进行安慰剂对照测试。参考Gilie（2016）以及陈胜蓝和马慧（2017）的做法，我们将各城市高铁开通日期分别前推2年、3年和4年，使用虚拟的高铁开通年度设置变量 *Placebo_HSR* 进行安慰剂测试。如果表5－3的结果是由于两组样本之间一些不可观测的固有差异所导致的，那么，即使采用虚拟的高铁开通年度进行检验也可以得到同样的结果。可以看到，表5－7的Panel B中，不管前推几年，*Placebo_HSR* 的估计系数均不显著。这表明，两组样本之间一些不可观测的固有差异不会影响本章的基本研究结论。

表5－7　　内生性检验

Panel A：PSM检验

	Coef.	*t*
截距	3.994***	(44.95)
HSR	－0.026***	(3.10)
Controls	控制	
年度固定效应	控制	
公司固定效应	控制	
调整 R^2	9.52%	
N	21 678	

续表

Panel B：安慰剂测试						
	（1）前推 2 年		（2）前推 3 年		（3）前推 4 年	
	Coef.	*t*	*Coef.*	*t*	*Coef.*	*t*
截距	4. 139 ***	(31. 96)	4. 140 ***	(31. 94)	4. 140 ***	(31. 94)
Placebo_HSR	-0. 003	(0. 32)	0. 004	(0. 39)	0. 001	(0. 05)
Controls	控制		控制		控制	
年度固定效应	控制		控制		控制	
公司固定效应	控制		控制		控制	
调整 R^2	10. 14%		10. 14%		10. 14%	
N	10 839		10 839		10 839	

注：（1）回归中控制了公司层面的聚集效应。
（2）*** 、** 和 * 代表的显著性水平分别为 1% 、5% 和 10% 。

5. 5. 2 平行趋势检验

使用双重差分模型的一个重要假设是：研究样本和控制样本在事件发生前具有平行趋势，即如果没有处理效应，结果变量在研究样本和控制样本中的波动趋势是相似的。我们采用如下两个办法来检验本章的研究样本和控制样本是否在高铁开通前具有平行趋势：

第一，选取 2008 年之前的样本进行检验，其中，公司所在地于 2008 年及以后开通高铁的，设置 *Train* = 1；一直未开通高铁的，设置 *Train* = 0①。表 5 - 8 的 Panel A 报告了检验结果，可以看到，*Train* 的估计系数不显著区别于 0。这表明，在高铁开通之前，研究样本和控制样本的审计效率并没有显著差异，即支持两组样本在高铁开通前具有平行趋势的假设。

第二，借鉴 Serfling（2016）在错层准自然实验情境下检验平

① 去掉 2003 年开通的秦沈线所涉及的样本。

行趋势假定的方法，将高铁开通前4年以上的数据设置为 *HSR*（< -4）=1；将高铁开通前3~4年的数据设置为 *HSR*（-4，-3）=1；将高铁开通前1~2年的数据设置为 *HSR*（-2，-1）=1；将高铁开通后1~2年的数据设置为 *HSR*（1，2）=1；将高铁开通后3~4年的数据设置为 *HSR*（3，4）=1；将高铁开通后超过4年的数据设置为 *HSR*（>4）=1。我们以变量 *HSR*（-4，-3）、*HSR*（-2，-1）、*HSR*（1，2）、*HSR*（3，4）和 *HSR*（>4）替换模型（5.1）中的 *HSR*，据此观察平均处理效应的时间趋势。表5-8 Panel B 的结果表明，*HSR*（-4，-3）和 *HSR*（-2，-1）的估计系数均不显著区别于0。这进一步支持了高铁开通前的平行趋势假设。另外，从 *HSR*（1，2）、*HSR*（3，4）和 *HSR*（>4）估计系数的绝对值来看，高铁开通后的审计效率在逐渐提升。

表5-8　　　　平行趋势检验

Panel A：2008年之前的样本		
	Coef.	*t*
截距	4.229***	(17.09)
Train	-0.295	(1.47)
Controls	控制	
年度固定效应	控制	
公司固定效应	控制	
调整 R^2	8.68%	
N	6 036	
Panel B：分时段检验		
	Coef.	*t*
截距	3.985***	(49.89)
HSR（-4，-3）	0.003	(0.32)

续表

Panel B：分时段检验		
	Coef.	*t*
HSR（-2，-1）	0.001	(0.10)
HSR（1，2）	-0.024*	(1.65)
HSR（3，4）	-0.032*	(1.92)
HSR（>4）	-0.034*	(1.77)
Controls	控制	
年度固定效应	控制	
公司固定效应	控制	
调整 R^2	9.84%	
N	24 661	

注：(1) 回归中控制了公司层面的聚集效应。

(2) ***、** 和 * 代表的显著性水平分别为 1%、5% 和 10%。

5.5.3 其他因素的可能影响

(1) 高速列车线路数量

杜兴强等（2018）发现，高速列车数量会显著提高上市公司选择外地审计师的可能性，提高审计质量，降低审计收费。这与本章的部分结果是一致的。由此产生的一个疑问是，在控制高速列车数量后，本章的主要结论是否仍然成立。为此，我们在回归中分别加入连续变量 *HSR_NUMS* 和 *CG_NUMS*。其中，*HSR_NUMS* 的设置参考杜兴强等（2018），等于地级市每年年底开通的高速列车线路数量（然后除以 100）。根据我们的数据，部分城市在真正意义上的高铁线路开通之前就已开通动车线路①，因此，

① 比如，北京和上海均在 2007 年开通动车组线路，但这两个城市首次开通高铁的时间分别是 2008 年和 2010 年。

我们将高速列车限制在以 C 和 G 开头的线路，定义 *CG_NUMS*。表 5 –9 报告了主要结果。

Panel A 列示了 *HSR_NUMS* 和 *CG_NUMS* 的描述统计结果。*HSR_NUMS* 的平均值和中位数分别为 1.558 和 0.550，比杜兴强等（2018）的数值要高很多，这与近几年高速列车的快速发展是一致的。Panel B 报告了多元回归结果。可以看到，我们的结果是稳健的。在控制高速列车线路数量以后，*HSR* 的估计系数仍然在 1% 的水平上显著为负。

表 5 –9　高速列车线路数量的影响

Panel A：高速列车线路数量的描述统计

	均值	中值	Std.	Min	Q1	Q3	Max
HSR_NUMS	1.558	0.550	2.101	0.000	0.000	2.360	8.000
CG_NUMS	1.069	0.000	1.738	0.000	0.000	1.320	6.690

Panel B：控制高速列车线路数量后的结果

	(1)		(2)	
	Coef.	*t*	*Coef.*	*t*
截距	3.989***	(49.91)	3.987***	(49.90)
HSR	–0.022***	(2.76)	–0.025***	(3.06)
HSR_NUMS	–0.007***	(2.99)		
CG_NUMS			–0.006**	(2.51)
Controls	控制		控制	
年度固定效应	控制		控制	
公司固定效应	控制		控制	
调整 R^2	9.91%		9.89%	
N	24 661		24 661	

注：（1）回归中控制了公司层面的聚集效应。

（2）***、** 和 * 代表的显著性水平分别为 1%、5% 和 10%。

（2）地区固定效应

赵静等（2018）和杜兴强等（2018）均认为，地区的经济以及其他交通方式的发达程度可能会影响高铁开通的效应。为了排除地区间系统性差异的可能影响，我们进行了如下检验：①控制城市层面的人均 GDP（*PGDP*）以衡量地区的经济发达程度，控制省级层面高速公路里程数量与铁路里程数量（均以省级行政区域的地理面积为平减因子，分别定义为 *Highway* 和 *Railway*）以控制其他交通方式的发达程度；②控制省级层面的固定效应；③控制城市层面的固定效应。表5-10报告了主要回归结果。

回归（1）是控制了 *PGDP*、*Highway* 和 *Railway* 等变量后的结果，*HSR* 的估计系数为-0.025，仍然在1%的水平上显著为负。回归（2）是控制省级层面固定效应后的结果，回归（3）是控制市级层面固定效应后的结果；*HSR* 在两个回归中的估计系数均在1%的水平上显著为负。综合以上结果，地区间的系统性差异不会显著影响本研究的主要结论。

表5-10　　　地区间系统性差异的可能影响

	(1)		(2)		(3)	
	Coef.	*t*	*Coef.*	*t*	*Coef.*	*t*
截距	3.937***	(15.90)	3.923***	(41.58)	3.952***	(44.96)
HSR	-0.025***	(2.90)	-0.027***	(3.35)	-0.027***	(3.29)
PGDP	0.005	(0.20)				
Highway	-0.707*	(1.75)				
Railway	0.339	(0.43)				
Controls	控制		控制		控制	
年度固定效应	控制		控制		控制	
公司固定效应	控制		控制		控制	
地区固定效应			省级		市级	
调整 R^2	9.83%		10.03%		10.31%	
N	24 561		24 661		24 661	

注：(1) 回归中控制了公司层面的聚集效应。

(2) ***、**和*代表的显著性水平分别为1%、5%和10%。

5.6 进一步的分析

5.6.1 横截面差异检验

前述研究结果表明，高铁开通带来的信息环境变化导致审计效率提升，审计延迟缩短。如果这个理论成立，那么，信息不对称程度越高，高铁开通对审计效率的提升作用应该越明显。我们分别从公司风险和公司治理两个角度来看企业的信息不对称程度差异。

（1）公司风险

我们分别从市场风险和财务风险两个角度来衡量企业的信息不对称程度。基于股票交易信息的市场风险指标借鉴李茫茫和黎文靖（2017），采用股票日交易数据计算 *Beta* 系数；基于公司财务风险的指标借鉴魏志华等（2014），采用 Kaplan 和 Zingales（1997）计算的 *KZ* 指数[①]。

我们根据样本中位数设置虚拟变量 *High_Risk*，即对于 *Beta* 系数或 *KZ* 指数比较高的样本，*High_Risk* 取值为 1；对于 *Beta* 系数或 *KZ* 指数比较低的样本，取值为 0。最后，在模型（5.1）的回归中加入 *High_Risk* 以及 *HSR* ×*High_Risk* 两个变量。表 5 -11 报告了主

---

① 参照魏志华等（2014），我们按如下步骤构建 *KZ* 指数。第一步，对全样本各个年度都按经营活动产生的净现金流/上期总资产、现金股利/上年总资产、现金持有量/上年总资产、资产负债率和托宾 Q 设置虚拟变量：对前三个指标，若低于年度中位数，则对应的 *kz*1、*kz*2 和 *kz*3 分别取值为 1，否则取值为 0；对后两个指标，若高于年度中位数，则对应的 *kz*4 和 *kz*5 分别取值为 1，否则取值为 0。第二步，计算 *KZ_RAW* 指数，令 *KZ_RAW* = *kz*1 + *kz*2 + *kz*3 + *kz*4 + *kz*5。第三步，以第二步的 *KZZ_RAW* 指数为因变量，以第一步中的连续变量（经过缩尾处理）为自变量，进行有序 Logit 回归，计算出各变量的回归系数。第四步，根据第三步的模型，估计出每一个样本的 *KZ* 指数。*KZ* 指数越大，意味着上市公司面临的融资约束程度越高，所面临的外部压力越大。

要回归结果。

在回归（1）中，*High_Risk* 的估计系数为 0.013，在 5% 的水平上显著为正。这说明，企业的 *Beta* 系数越高，审计效率越低。交互项 *HSR* × *High_Risk* 的估计系数为 -0.014，在 10% 的水平上显著为负。这说明，高铁开通对审计效率的提升作用在 *Beta* 系数比较高的样本中更加显著。

在回归（2）中，*High_Risk* 的估计系数为 0.016，在 5% 的水平上显著为正。这说明，企业的融资约束越高，审计效率越低。交互项 *HSR* × *High_Risk* 的估计系数为 -0.024，在 1% 的水平上显著为负。这说明，高铁开通对审计效率的提升作用在融资约束比较高的样本中更加显著。

表 5-11　　高铁开通、公司风险与审计效率

	（1）*Beta* 系数		（2）*KZ* 指数	
	Coef.	*t*	*Coef.*	*t*
截距	3.985***	(47.57)	3.984***	(49.87)
HSR	-0.022**	(2.30)	-0.014	(1.57)
HSR × *High_Risk*	-0.014*	(1.75)	-0.024***	(2.79)
High_Risk	0.013**	(1.97)	0.016**	(2.10)
Controls	控制		控制	
年度固定效应	控制		控制	
公司固定效应	控制		控制	
调整 R^2	10.08%		9.89%	
N	22 122		24 661	

注：（1）回归中控制了公司层面的聚集效应。
（2）***、** 和 * 代表的显著性水平分别为 1%、5% 和 10%。

（2）公司治理

我们分别用代理成本和内部控制质量差异来替代公司治理差异。借鉴袁振超等（2014），我们定义了两类代理成本：第一类代理成本（*AC*1）和第二类代理成本（*AC*2）。其中，*AC*1 = 管理费用/营业总收入，用于衡量管理者与股东之间的信息不对称程度；*AC*2 = 其他应收款/总资产，用于衡量大股东和中小股东之间的信息不对称程度。内部控制质量数据来源于迪博数据库的内部控制指数 *DIB*（郭阳生等，2018）。

我们根据上述连续变量的样本中位数设置虚拟变量，对于 *AC*1 和 *AC*2，按是否高于样本中位数设置相应的虚拟变量 *High_AC*1 和 *High_AC*2（即高于样本中位数时取值为1，其他情况取值为0）；对于 *DIB*，按是否低于样本中位数设置虚拟变量 *Low_DIB*（即低于样本中位数时取值为1，其他情况取值为0）。因此，当这些虚拟变量取值为1时，代表公司的公司治理比较弱，信息不对称程度比较高。

我们在模型（5.1）的回归中加入了虚拟变量 *GOV*（分别代表 *High_AC*1、*High_AC*2 和 *Low_DIB*）以及 *HSR* × *GOV*。表5－12报告了主要回归结果。

在回归（1）中，*GOV* 的估计系数为0.022，在1%的水平上显著为正；说明第一类代理成本越高，审计效率越低。*HSR* × *GOV* 的估计系数为－0.024，在5%的水平上显著为负；说明高铁开通对审计效率的提升作用在第一类代理成本比较高的样本中更加显著。

在回归（2）中，*GOV* 的估计系数为0.030，在1%的水平上显著为正；说明第二类代理成本越高，审计效率越低。*HSR* × *GOV* 的估计系数为－0.023，在5%的水平上显著为负；说明高铁开通对审计效率的提升作用在第二类代理成本比较高的样本中更加显著。

在回归（3）中，*GOV* 的估计系数为0.027，在1%的水平上显著为正；说明内部控制质量越低，审计效率越低。*HSR* × *GOV* 的估计系数为－0.023，在1%的水平上显著为负；说明高铁开通对审计效率的提升作用在内部控制质量比较低的样本中更加显著。综合上述结果，高铁开通对审计效率的提升作用在公司治理比较弱的样本中更加显著。

表 5 - 12　　高铁开通、公司治理与审计效率

	(1) GOV = High_AC1		(2) GOV = High_AC2		(3) GOV = Low_DIB	
	Coef.	t	Coef.	t	Coef.	t
截距	3.969 ***	(49.49)	3.968 ***	(49.61)	3.940 ***	(48.16)
HSR	-0.016 *	(1.79)	-0.015	(1.64)	-0.014	(1.55)
HSR × GOV	-0.024 **	(2.43)	-0.023 **	(2.51)	-0.023 ***	(2.96)
GOV	0.022 ***	(2.75)	0.030 ***	(3.72)	0.027 ***	(4.03)
Controls	控制		控制		控制	
年度固定效应	控制		控制		控制	
公司固定效应	控制		控制		控制	
调整 R^2	9.89%		9.94%		9.89%	
N	24 661		24 661		24 029	

注：(1) 回归中控制了公司层面的聚集效应。
(2) ***、** 和 * 代表的显著性水平分别为 1%、5% 和 10%。

5.6.2　审计效率提高后的受益方

审计效率提升后，审计成本会下降。那么，审计成本下降后的受益方是审计师还是客户？我们认为，如果审计师受益，则审计收费不会显著下降；如果客户受益，则审计收费应该显著下降。表 5 - 13 对此进行了检验。从回归 1 和回归 2 的结果来看，不管是否控制审计延迟，*HSR* 的估计系数均不显著区别于 0，即高铁开通并未显著降低审计收费，审计效率提升的受益方在审计师。不过，考虑审计师议价能力后，*HSR* 的估计系数为 -0.020，$t = 1.42$；而交互项 *HSR* × *LEADER* 的估计系数为 0.028，在 10% 的水平上显著为正。这说明，审计效率提升的受益方主要是议价能力比较高的事

务所①，对于议价能力比较低的事务所，审计费用有所下降。

表 5-13 高铁开通、审计效率与审计收费

	回归 1		回归 2		回归 3	
	Coef.	*t*	*Coef.*	*t*	*Coef.*	*t*
截距	10.678***	(139.85)	10.493***	(125.38)	10.504***	(125.08)
HSR	-0.007	(0.59)	-0.005	(0.47)	-0.020	(1.42)
LN_LAG			0.047***	(5.15)	0.047***	(5.12)
HSR×LEADER					0.028*	(1.81)
LEADER					-0.009	(0.64)
其他	控制		控制		控制	
调整 R^2	68.37%		68.43%		68.45%	
N	23 421		23 421		23 421	

注：(1) 回归中控制了公司层面的聚集效应。
(2) ***、** 和 * 代表的显著性水平分别为 1%、5% 和 10%。

5.7 研究结论与启示

本章以 2002—2017 年的中国高铁开通数据为研究样本，考察了高铁开通对审计效率的影响。我们发现，高铁开通让审计师在保证审计质量的同时，提高了审计效率，减少了审计延迟。公司总部所在地高铁开通以后，其机构投资者持股比例显著增加，表明公司信息不对称程度有所下降，信息环境得到改善。我们发现，上述信息环境的变化提升了审计效率，机构投资者持股在高铁开通与审计效率的关系中发挥了部分中介效应。

① 按照 Chen and Ma (2018)，我们将城市层面行业份额最大的审计师定义为 *LEADER* = 1，其他定义为 *LEADER* = 0。

我们也考察了高铁开通带来的审计师与客户时间距离的变化对审计效率的影响。结果发现，高铁开通对审计效率的影响与地理距离无关。具体表现在，高铁开通既没有给异地审计师带来额外收益，也没有给地理距离较远的审计师带来额外收益，而且也与审计师所在地是否开通高铁无关。但是，公司的信息不对称程度越高，高铁开通对审计效率的影响越大。如其影响在系统风险高、融资约束高和公司治理弱的样本中更加显著。这些结果进一步说明，高铁开通对审计效率的影响原因是改善了公司的信息环境，而不是与审计师之间时间距离的变化。

本章一方面拓展了有关高铁开通后果的研究，分析了交通基础设施改善对企业信息环境的影响；另一方面拓展了有关审计距离与审计效率关系的研究，讨论了时间距离和信息环境对审计效率的不同影响，有助于我们进一步认识影响审计效率的因素。

参考文献

[1] 艾小青，陈连磊，朱丽南．空气污染排放与经济增长的关系研究——基于中国省际面板数据的空间计量模型 [J]. 华东经济管理，2017，31（3）：69－76.

[2] 蔡春，孙婷，叶建明．中国内资会计师事务所合并效果研究 [J]. 会计研究，2011（1）：83－89.

[3] 曾亚敏，张俊生．会计师事务所合并、审计市场结构与审计定价 [J]. 审计与经济研究，2012，27（1）：40－47.

[4] 曾亚敏，张俊生．会计师事务所合并对审计质量的影响 [J]. 审计研究，2010（5）：53－60.

[5] 陈德球，陈运森，董志勇．政策不确定性、税收征管强度与企业税收规避 [J]. 管理世界，2016a（5）：151－163.

[6] 陈德球，金雅玲，董志勇．政策不确定性、政治关联与企业创新效率 [J]. 南开管理评论，2016b，19（4）：27－35.

[7] 陈国进，王少谦．经济政策不确定性如何影响企业投资行为 [J]. 财贸经济，2016（5）：5－21.

[8] 陈林．会计信息可比性、环境不确定性与审计质量 [J]. 当代会计评论，2018，11（2）：64－81.

[9] 陈胜蓝，李占婷．经济政策不确定性与分析师盈余预测修正 [J]. 世界经济，2017（4）：169－192.

[10] 陈胜蓝，卢锐．卖空压力与控股股东私利侵占——来自

卖空管制放松的准自然实验证据 [J]. 管理科学学报, 2018, 21 (4): 67-85.

[11] 陈胜蓝, 马慧. 卖空压力与公司并购——来自卖空管制放松的准自然实验证据 [J]. 管理世界, 2017 (7): 142-156.

[12] 储一昀, 仓勇涛, 王琳. 财务分析师能认知审计任期的信息内涵吗? [J]. 会计研究, 2011 (1): 90-94.

[13] 褚剑, 秦璇, 方军雄. 经济政策不确定性与审计决策——基于审计收费的证据 [J]. 会计研究, 2018 (12): 85-91.

[14] 邓涛涛, 赵磊, 马木兰. 长三角高速铁路网对城市旅游业发展的影响研究 [J]. 经济管理, 2016 (1): 137-146.

[15] 杜兴强, 侯菲, 赖少娟. 交通基础设施改善抑制了审计师选择的"地缘偏好"吗? ——基于中国高速列车自然实验背景的经验证据 [J]. 审计研究, 2018 (1): 103-110.

[16] 杜兴强, 彭妙薇. 高铁开通会促进企业高级人才的流动吗? [J]. 经济管理, 2017 (12): 91-109.

[17] 杜兴强, 周泽将, 杜颖洁. 政治联系、审计师选择的"地缘"偏好与审计意见 [J]. 审计研究, 2011 (2): 77-86.

[18] 方红星, 张勇, 王平. 法制环境、供应链集中度与企业会计信息可比性 [J]. 会计研究, 2017 (7): 33-40.

[19] 方军雄. 我国上市公司信息披露透明度与证券分析师预测 [J]. 金融研究, 2007 (6): 136-148.

[20] 郭阳生, 沈烈, 汪平平. 审计师地理距离与内部控制质量——兼论时间距离与审计师特征的调节效应 [J]. 审计与经济研究, 2018 (3): 56-66.

[21] 郭永济, 张谊浩. 空气质量会影响股票市场吗? [J]. 金融研究, 2016 (2): 71-85.

[22] 郝威亚, 魏玮, 温军. 经济政策不确定性如何影响企业创新? ——实物期权理论作用机制的视角 [J]. 经济管理, 2016,

38 (10): 40 - 54.

[23] 贾倩，孔祥，孙铮. 政策不确定性与企业投资行为——基于省级地方官员变更的实证检验 [J]. 财经研究，2013 (2): 81 - 91.

[24] 江轩宇，申丹琳，李颖. 会计信息可比性影响企业创新吗? [J]. 南开管理评论，2017，20 (4): 82 - 92.

[25] 江轩宇，许年行. 企业过度投资与股价崩盘风险 [J]. 金融研究，2015 (8): 141 - 158.

[26] 蒋德权，姚振晔，陈冬华. 财务总监地位与企业股价崩盘风险 [J]. 管理世界，2018 (3): 153 - 166.

[27] 李彬. 公司距离、内部控制质量与公司价值 [J]. 经济与管理，2015 (4): 95 - 105.

[28] 李丹蒙. 公司透明度与分析师预测活动 [J]. 经济科学，2007，29 (6): 107 - 117.

[29] 李凤羽，史永东. 经济政策不确定性与企业现金持有策略——基于中国经济政策不确定指数的实证研究 [J]. 管理科学学报，2016 (6): 157 - 170.

[30] 李凤羽，杨墨竹. 经济政策不确定性会抑制企业投资吗? ——基于中国经济政策不确定指数的实证研究 [J]. 金融研究，2015 (4): 115 - 129.

[31] 李凯. 会计师事务所合并方式与审计质量 [J]. 中南财经政法大学学报，2010 (6): 98 - 103.

[32] 李琳，韩宝龙. 组织合作中的多维邻近性: 西方文献评述与思考 [J]. 社会科学家，2009 (7): 108 - 112.

[33] 李茫茫，黎文靖. 审计具有保险功能吗——基于政府官员变更的自然实验 [J]. 南开管理评论，2017，20 (4): 93 - 104.

[34] 李明辉，刘笑霞. 会计师事务所合并的动因与经济后果: 一个文献综述 [J]. 审计研究，2010 (5): 61 - 67.

［35］李明辉，刘笑霞．会计师事务所合并能提高审计效率吗？——基于审计延迟视角的经验证据［J］．经济管理，2012，34（5）：131－140.

［36］李明辉，刘笑霞．会计师事务所合并对审计质量之影响：来自中国资本市场的经验证据［J］．管理工程学报，2015，29（1）：169－182.

［37］李明辉，张娟，刘笑霞．会计师事务所合并与审计定价——基于2003—2009年十起合并案面板数据的研究［J］．会计研究，2012（5）：86－92.

［38］李明辉．会计师事务所合并与审计质量——基于德勤华永和中瑞岳华两起合并案的研究［J］．中国经济问题，2011（1）：98－107.

［39］李奇凤，宋琰纹．事务所地域与其对盈余管理的抑制能力［J］．中国会计评论，2007（1）：83－94.

［40］李小飞，张明军，王圣杰，赵爱芳，马潜．中国空气污染指数变化特征及影响因素分析［J］．环境科学，2012，33（6）：1936－1943.

［41］李欣泽，纪小乐，周灵灵．高铁能改善企业资源配置吗？——来自中国工业企业数据库和高铁地理数据的微观证据［J］．经济评论，2017（6）：3－21.

［42］李志斌，章铁生．内部控制、产权性质与社会责任信息披露——来自中国上市公司的经验证据［J］．会计研究，2017（10）：86－92.

［43］刘丹．会计师事务所合并与审计生产效率——基于我国本土事务所合并案面板数据的实证研究［J］．财经问题研究，2014（1）：123－129.

［44］刘睿智，刘志恒，胥朝阳．主并企业会计信息可比性与股东长期财富效应［J］．会计研究，2015（11）：34－40.

［45］刘文军．审计师的地理位置是否影响审计质量？［J］．审计研究，2014（1）：79－87.

［46］刘笑霞，李明辉，孙蕾．媒体负面报道、审计定价与审计延迟［J］．会计研究，2017（4）：88－94.

［47］刘笑霞，李明辉．会计师事务所人力资本特征对审计延迟的影响［J］．经济管理，2016（1）：116－126.

［48］刘永泽，张多蕾，唐大鹏．市场化程度、政治关联与盈余管理——基于深圳中小板民营上市公司的实证研究［J］．审计与经济研究，2013（2）：51－60.

［49］龙玉，赵海龙，张新德，李曜．时空压缩下的风险投资——高铁通车与风险投资区域变化［J］．经济研究，2017（4）：195－208.

［50］陆军，宋吉涛，梁宇生，徐杰．基于二维时空地图的中国高铁经济区格局模拟［J］．地理学报，2013（2）：5－16.

［51］罗党论，廖俊平，王珏．地方官员变更与企业风险——基于上市公司的经验证据［J］．经济研究，2016（5）：130－142.

［52］马东山，韩亮亮．经济政策不确定性与审计费用——基于代理成本的中介效应检验［J］．当代财经，2018（11）：111－122.

［53］马壮，李延喜，王云，曾伟强．媒体监督、异常审计费用与企业盈余管理［J］．管理评论，2018（4）：219－234.

［54］穆泉，张世秋．2013 年 1 月中国大面积雾霾事件直接社会经济损失评估［J］．中国环境科学，2013，33（11）：2087－2094.

［55］裴红梅，杜兴强．审计师—公司地理近邻性、监管强度与审计质量［J］．当代会计评论，2015（2）：1－23.

［56］钱爱民，郁智．诉讼风险、产权性质与盈余管理［J］．证券市场导报，2017（7）：18－26.

［57］曲晓辉，毕超．会计信息与分析师的信息解释行为［J］．会计研究，2016（4）：19－26.

[58] 权小锋，吴世农，尹洪英．企业社会责任与股价崩盘风险："价值利器"或"令利工具"？[J]．经济研究，2015（11）：49－64.

[59] 饶品贵，徐子慧．经济政策不确定性影响了企业高管变更吗？[J]．管理世界，2017（1）：145－157.

[60] 饶品贵，岳衡，姜国华．经济政策不确定性与企业投资行为研究[J]．世界经济，2017（2）：27－51.

[61] 申慧慧，汪泓，吴联生．本地审计师的合谋效应[J]．会计研究，2017（2）：83－89.

[62] 申慧慧，吴联生，肖泽忠．环境不确定性与审计意见：基于股权结构的考察[J]．会计研究，2010（12）：59－66.

[63] 申慧慧．环境不确定性对盈余管理的影响[J]．审计研究，2010（1）：89－96.

[64] 石桂峰，苏力勇，齐伟山．财务分析师盈余预测精确度决定因素的实证分析[J]．财经研究，2007，33（5）：62－71.

[65] 石林，傅鹏，李柳勇．高铁促进区域经济一体化效应研究[J]．上海经济研究，2018（1）：3－62.

[66] 司茹．产权性质、政治关联与信息披露质量[J]．经济与管理研究，2013（10）：122－128.

[67] 宋衍蘅，钱旭，宋云玲．审计风格、事务所规模与行业专长[J]．中国注册会计师，2017（12）：47－52.

[68] 宋衍蘅．审计风险、审计定价与相对谈判能力——以受监管部门处罚或调查的公司为例[J]．会计研究，2011（2）：79－84.

[69] 宋云玲，宋衍蘅，钱旭．会计师事务所合并对审计风格的影响研究[J]．审计研究，2017（6）：58－66.

[70] 唐建新，付新宇，陈冬．会计师事务所扩张方式对审计质量的影响[J]．审计与经济研究，2015，30（2）：3－12.

[71] 王红建，李青原，邢斐．经济政策不确定性、现金持有水平及其市场价值 [J]．金融研究，2014 (9)：53 - 68.

[72] 王化成，刘欢，高升好．经济政策不确定性、产权性质与商业信用 [J]．经济理论与经济管理，2016 (5)：34 - 45.

[73] 王汇华．会计师事务所合并是否影响审计质量——基于中国 A 股市场的实证研究 [J]．财经问题研究，2015 (8)：90 - 96.

[74] 王亮亮，王跃堂，王娜．市场化进程、真实活动盈余管理与公司未来业绩 [J]．经济管理，2013 (9)：101 - 112.

[75] 王鹏，周珊．会计师事务所合并真能提升审计质量吗? [J]．会计与经济研究，2016 (5)：66 - 82.

[76] 王咏梅，邓舒文．会计师事务所合并与行业专门化战略研究 [J]．审计研究，2012 (2)：60 - 66.

[77] 王雨飞，倪鹏飞．高速铁路影响下的经济增长溢出与区域空间优化 [J]．中国工业经济，2016 (2)：21 - 36.

[78] 魏志华，曾爱民，李博．金融生态环境与企业融资约束——基于中国上市公司的实证研究 [J]．会计研究，2014 (5)：73 - 80.

[79] 吴伟荣，李晶晶，包晓岚．签字注册会计师过度自信、政府监管与审计质量研究 [J]．审计研究，2017 (5)：70 - 77.

[80] 吴溪．会计师事务所合并与质量控制：基于中天勤合并案例的经验分析 [J]．会计研究，2005 (10)：79 - 85.

[81] 谢盛纹，王清．会计师事务所行业专长与会计信息可比性：来自我国证券市场的证据 [J]．当代财经，2016 (5)：108 - 119.

[82] 谢盛纹，杨钦皓，刘睿．客户重要性与会计信息可比性——来自中国证券市场的经验证据 [J]．南京审计大学学报，2017，14 (1)：74 - 84.

[83] 胥朝阳，刘睿智．提高会计信息可比性能抑制盈余管理

吗？［J］. 会计研究，2014（7）：50－57.

［84］徐露莹，汪方军，王璇子. 放松卖空管制影响审计定价吗？——基于融资融券准自然实验的分析［J］. 预测，2017，36（6）：30－36.

［85］闫婉姝，曾剑宇，何凡. 企业税负、产权性质与盈余管理——来自中国上市公司的证据［J］. 投资研究，2017（8）：102－118.

［86］杨金凤，陆建桥，王文慧. 我国会计师事务所合并的整合效果研究——以会计信息可比性为视角［J］. 会计研究，2017（6）：3－10.

［87］杨鑫，李明辉，程海艳. 地方官员变更对审计费用的影响［J］. 审计研究，2018（5）：91－99.

［88］于鹏，申慧慧. 监管距离、事务所规模与盈余质量［J］. 审计研究，2018（5）：107－114.

［89］袁振超，韦小泉，操群. 代理成本、所有权性质与会计信息可比性［J］. 中国会计评论，2016，14（4）：537－564.

［90］袁振超，岳衡，谈文峰. 代理成本、所有权性质与业绩预告精确度［J］. 南开管理评论，2014（3）：49－61.

［91］岳衡，林小驰. 证券分析师VS统计模型：证券分析师盈余预测的相对准确性及其决定因素［J］. 会计研究，2008（8）：40－49.

［92］张俊. 高铁建设与县域经济发展——基于卫星灯光数据的研究［J］. 经济学季刊，2017（4）：1533－1562.

［93］张蕊，王洋洋. 公司高管与签字注册会计师的校友关系对盈余管理的影响——来自中国上市公司的经验证据［J］. 当代会计评论，2018（1）：41－60.

［94］赵静，黄敬昌，刘峰. 高铁开通与股价崩盘风险［J］. 管理世界，2018（1）：157－168.

［95］钟业喜，黄洁，文玉钊．高铁对中国城市可达性格局的影响分析［J］．地理科学，2015（4）：387－395.

［96］朱松，夏冬林．制度背景、经济发展水平与会计稳健性［J］．审计与经济研究，2009（6）：57－64.

［97］Ackert，L. F.，B. K. Church，and R. Deaves. Emotion and Financial Markets. Economic Review，2003，88（2）：33－41.

［98］Antle，R.，and B. Nalebuff. Conservatism and auditor-client negotiations. Journal of Accounting Research，1991，29（Supplement）：31－54.

［99］Ashton，R. H.，J. J. Willingham，and R. K. Elliott. An Empirical Analysis of Audit Delay. Journal of Accounting Research，1987，25（2）：275－292.

［100］Asthana，S. Abnormal Audit Delays，Earnings Quality and Firm Value in the USA. Journal of Financial Reporting and Accounting，2014，12（1）：21－44.

［101］Audretsch，D. B. and P. E. Stephan. Company-Scientist Locational Links：The Case of Biotechnology. American Economic Review，1996，86（3）：641－652.

［102］Bae，K. H.，R. M. Stulz，and H. Tan. Do Local Analysts Know More? A Cross-Country Study of the Performance of Local Analysts and Foreign Analysts. Journal of Financial Economics，2008，88（3）：581－606.

［103］Bailey，C.，D. L. Collins，and L. J. Abbott. The Impact of Enterprise Risk Management on the Audit Process：Evidence from Audit Fees and Audit Delay. Auditing：A Journal of Practice & Theory，2018，37（3）：25－46.

［104］Bakian，A. V.，R. S. Huber，H. Coon，D. Gray，P. Wilson，W. M. McMahon，and P. F. Renshaw. Acute Air Pollution Exposure and Risk of Suicide Completion. American Journal of Epidemiology, 2015, 181 (5): 295 -303.

[105] Bamber, E. M., L. S. Bamber, and M. P. Schoderbek. Audit Structure and Other Determinants of Audit Report Lag: An Empirical Analysis. Auditing: A Journal of Practice & Theory, 1993, 12 (1): 1 -23.

[106] Banker, R. D., H. Chang, and Y. C. Kao. Impact of Information Technology on Public Accounting Firm Productivity. Journal of Information Systems, 2002, 16 (2): 209 -222.

[107] Baron, R. M. and D. A. Kenny. The Moderator-Mediator Variable Distinction in Social Psychological Research: Conceptual, Strategic and Statistical Considerations. Journal of Personality and Social Psychology, 1986, 51 (6): 1173 -1182.

[108] Beatty, T. K. M., and J. P. Shimshack. Air Pollution and Children's Respiratory Health: A Cohort Analysis. Journal of Environmental Economics and Management, 2014, 67 (1): 39 -57.

[109] Bhattacharjee, S., and K. K. Moreno. The Impact of Affective Information on the Professional Judgments of More Experienced and Less Experienced Auditors. Journal of Behavioral Decision Making, 2002, 15 (4): 361 -377.

[110] Bhattacharjee, S., and K. K. Moreno. The Role of Auditors' Emotions and Moods on Audit Judgment: A Research Summary with Suggested Practice Implications. Current Issues in Auditing, 2013, 7 (2): 1 -8.

[111] Bhojraj, S., and C. M. C. Lee. Who Is My Peer? A Valuation-Based Approach to the Selection of Comparable Firms. Journal of Accounting Research, 2002, 40: 407 -439.

[112] Bills, K. L., L. M. Cunningham, and L. A. Myers. Small

Audit Firm Membership in Associations, Networks, and Alliances: Implications for Audit Quality and Audit Fees. The Accounting Review, 2016, 91 (3): 767 -792.

[113] Bonaime, A., H. Gulen, M. Ion. Does Policy Uncertainty Affect Mergers and Acquisitions?. Journal of Financial Economics, 2018, 129 (3): 531 -558.

[114] Calderón-Garcidueñas, L., A. Mora-Tiscareño, E. Ontiveros, et al. Air Pollution, Cognitive Deficits and Brain Abnormalities: A Pilot Study with Children and Dogs. Brain & Cognition, 2008, 68 (2): 117 -127.

[115] Callen, J. L. and X. Fang. Institutional Investor Stability and Crash Risk: Monitoring versus Short-termism?. Journal of Banking & Finance, 2013, 37 (8): 3047 -3063.

[116] Cao, Q., N. W. Hu, and L. L. Chen. Auditor Flow and Financial Statement Comparability: Evidence from Audit Firm Mergers in China. China Journal of Accounting Studies, 2016, 4 (3): 263 -286.

[117] Chambers, E. Anne and S. H. Penman. Timeliness of Reporting and the Stock Price Reaction to Earnings Announcements. Journal of Accounting Research, 1984, 22 (1): 21 -47.

[118] Chan, K. H., and D. H. Wu. Aggregate Quasi Rents and Auditor Independence: Evidence from Audit Firm Mergers in China. Contemporary Accounting Research, 2011, 28 (1): 175 -213.

[119] Chan, K. H., K. Z. Lin, and L. L. Mo. A Political Economic Analysis of Auditor Reporting and Auditor Switches. Review of Accounting Studies, 2006, 11 (1): 21 -48.

[120] Chang, Y. Y., and W. H. Hsu. Mood and Analyst Optimism and Accuracy. Working paper, Massey University, 2015.

[121] Chen, C., Y. Chen, E. J. Podolski, and M. Veeraraghavan. Managerial mood and earnings forecast bias: Evidence from sunshine exposure, 2017. Working paper available at SSRN: https://ssrn.com/abstract=2973184 or http://dx.doi.org/10.2139/ssrn.2973184.

[122] Chen, F., X. F. Peng, and J. G. Zeng. Does Severe Air Pollution Affect Audit Judgement? Evidence From China, 2017. Working paper available at SSRN: https://ssrn.com/abstract = 1538658 or http://dx.doi.org/10.2139/ssrn.1538658.

[123] Chen, S. and H. Ma. Anti-Corruption Reform and Audit Pricing. China Journal of Accounting Studies, 2018, 5 (4): 395-419.

[124] Chen, Y., A. Ebenstein, M. Greenstone, and H. Li. Evidence on the Impact of Sustained Exposure to Air Pollution on Life Expectancy from China's Huai River policy. PNAS, 2013, 110 (31): 12936-12941.

[125] Chen, Y., A. L. Smith, J. Cao, and W. Xia. Information Technology Capability, Internal Control Effectiveness and Audit Fees and Delays. Journal of Information Systems, 2014, 28 (2): 149-180.

[126] Choi, J. H. and T. J. Wong. Auditors' Governance Functions and Legal Environments: An International Investigation. Contemporary Accounting Research, 2007 (24): 13-46.

[127] Choi, J. H., J. B. Kim, A. A. Qiu, and Y. Zang. Geographic Proximity between Auditor and Client: How Does it Impact Audit Quality?. Auditing: A Journal of Practice & Theory, 2012, 31 (2): 43-72.

[128] Choi, J. H., S. Kim, K. K. Raman. Did the 1998 Merger of Price Waterhouse and Coopers & Lybrand Increase Audit Quality?. Contemporary Accounting Research, 2017, 34 (2): 1070-1102.

[129] Christensen, B., K. W. Smith, and D. Wang. Small Audit

Firm Mergers in the United States: Determinants and Consequences. Working paper, 2016.

[130] Christoffersen, S. E. K. and S. Sarkissian. City Size and Fund Performance. Journal of Financial Economics, 2009, 92 (2): 252 -275.

[131] Chung, J. O. Y., J. R. Cohen, and G. S. Monroe. The Effect of Moods on Auditors' Inventory Valuation Decisions. Auditing: A Journal of Practice & Theory, 2008, 27 (2): 137 -159.

[132] Chung, K. H. and H. Zhang. Corporate Governance and Institutional Ownership. Journal of Financial and Quantitative Analysis, 2011, 46 (1): 247 -273.

[133] Colicino. E., A. Wilson, M. C. Frisardi, D. Prada, and M. C. Power. Telomere Length, Long-Term Black Carbon Exposure, and Cognitive Function in a Cohort of Older Men: The VA Normative Aging Study, Environmental Health Perspectives, 2016, 125 (1): 76 -81.

[134] Coval, J. D, and T. J. Moskowitz. The Geography of Investment: Informed Trading and Asset Prices. Journal of Political Economy, 2001, 109 (4): 811 -841.

[135] Darçın, M. Association Between Air Quality and Quality of Life. Environmental Science and Pollution Research, 2014, 21 (3): 1954 -1959.

[136] Dechow, P. M., R. G. Sloan, and A. P. Sweeney. Detecting Earnings Management. The Accounting Review, 1995, 70 (2): 193 -225.

[137] DeFond, M. L., J. R. Francis, and X. Hu. The Geography of SEC Enforcement and Auditor Reporting for Financially Distressed Clients. Working paper, 2011.

[138] DeFond, M., X. Hu, M. Hung, and S. Li. The Impact of

Mandatory IFRS Adoption on Foreign Mutual Fund Ownership: The Role of Comparability. Journal of Accounting and Economics, 2011 (51): 240 - 258.

[139] DeFranco, G., S. P. Kothar, and S. V. Rodrigos. The Benefits of Financial Statement Comparability. Journal of Accounting Research, 2011, 49 (4): 895 - 931.

[140] Dehaan, E., J. Madsen, and J. D. Piotroski. Do Weather-Induced Moods Affect the Processing of Earnings News? The Accounting Review, 2017, 55 (3): 509 - 550.

[141] Depaulo, B. M, and J. Tang. Social Anxiety and Social Judgment: The example of detecting deception. Journal of Research in Personality, 1994, 28 (2): 142 - 153.

[142] Dong, G. N., and Y. Heo. Flu epidemic, Limited Attention and Analyst Forecast Behavior. Working paper, 2014.

[143] Dowling, C.. Appropriate Audit Support System Use: The Influence of Auditor, Audit Team, and FirmFactors. The Accounting Review, 2009, 84 (3): 771 - 810.

[144] Eisenbach, T. M., and M. C. Schmalz. Anxiety in the Face of Risk. Journal of Financial Economics, 2016, 121 (2): 414 - 426.

[145] Empson, L.. Fear of Exploitation and Fear of Contamination: Impediments to Knowledge Transfer in Mergers between Professional Service Firms. Human Relations, 2001, 54 (7): 839 - 862.

[146] Etzioni, A.. Normative-Affective Factors: Towards a New Decision-Making Model, Journalof Economic Psychology, 1988, 9 (2): 125 - 150.

[147] Evans, G., S. Colome, and D. Shearer. Psychological Reactions to Air Pollution. Environmental Research, 1988, 45 (1): 1 - 15.

[148] Evans, G., S. Jacobs, D. Dooley, and R. Catalano. The Interaction of Stressful Life Events and Chronic Strains on Community Mental Health. American Journal of Community Psychology, 1987, 15 (1): 23 -34.

[149] Feltham, G. A.. Information Valuation. Studies in Accounting Research No. 5, American Accounting Association, Evanston, IL, 1972.

[150] Fonken, L. K., X. Xu, Z. M. Weil, G. Chen, Q. Sun, S. Rajagopalan, and R. J. Nelson. Air Pollution Impairs Cognition, Provokes Depressive-Like Behaviors and Alters Hippocampal Cytokine Expression and Morphology. Molecular Psychiatry, 2011, 16 (10): 987 -995.

[151] Francis, J. R., and P. N. Michas. The Contagion Effect of Low-Quality Audits. The Accounting Review, 2012, 88 (2): 521 -552.

[152] Francis, J. R., M. L. Pinnuck, and O. Watanabe. Auditor Style and Financial Statement Comparability. The Accounting Review, 2014, 89 (2): 605 -633.

[153] Franklin, B. A., R. Brook, and C. A. Pope. Air Pollution and Cardiovascular Disease. Current Problems in Cardiology, 2015, 40 (5): 207 -238.

[154] Frijda, N. H.. The Laws of Emotion. The American Psychologist, 1988, 43 (5): 349 -358.

[155] GAO. United States Government Accountability Office. Public Accounting Firms: Mandated Study on Consolidation and Competition, 2003. GAO -03 -864. Washington, DC: GAO.

[156] Gilje, E. P. Do Firms Engage in Risk-Shifting? Empirical Evidence. Review of Financial Studies, 2016, 29 (11): 2925 -2954.

[157] Givoly, D. and D. Palmon. Timeliness of Annual Earnings Announcements: Some Empirical Evidence. The Accounting Review, 1982, 57 (3): 486 - 508.

[158] Gong, Q., O. Z. Li, Y. Lin, and L. Wu. On the Benefits of Audit Market Consolidation: Evidence from Merged Audit Firms. The Accounting Review, 2016, 92 (2): 463 - 488.

[159] Gul, F. A., D. Wu, and Z. Yang. Do Individual Auditors Affect Audit Quality? Evidence from Archival Data. The Accounting Review, 2013, 88 (6): 1993 - 2023.

[160] Gulen, H., and M. Ion. Policy Uncertainty and Corporate Investment. Review of Financial Studies, 2016, 29 (3): 523 - 564.

[161] Haynes, E. N., A. M. Chen, P. Ryan, P. Succop, J. Wright, and K. N. Dietrich. Exposure to Airborne Metals and Particulate Matter and Risk for Youth Adjudicated for Criminal Activity. Environmental Research, 2011, 111 (8): 1243 - 1248.

[162] Hope, O. - K., D. Hu, and W. Zhao. Third-Party Consequences of Short-Selling Threats: The Case of Auditor Behavior. Journal of Accounting & Economics, 2017, 63 (2 - 3): 479 - 498.

[163] Horton, J., G. Serafeim, and I. Serafeim. Does Mandatory IFRS Adoption Improve the Information Environment?. Contemporary Accounting Research, 2013, 30 (1): 388 - 423.

[164] Isen, A. M. An Influence of Positive Affect on Decision Making in Complex Situations: Theoretical Issues with Practical Implications. Journal of Consumer Psychology, 2001, 11 (2): 75 - 85.

[165] Ivkovic, Z. and S. Weisbenner. Local Does as Local Is: Information Content of the Geography of Individual Investors' Common Stock Investments. Journal of Finance, 2005, 60 (1): 267 - 306.

[166] Jensen, K., J. M. Kim, and H. Yi. The Geography of US

Auditors: Information Quality and Monitoring Costs by Local versus Non-Local Auditors. Review of Quantitative Finance & Accounting, 2015, 44 (3): 513 -549.

[167] Jensen, M. C., and W. H. Meckling. Theory of the Firm: Managerial Behavior, Agency Costs and Ownership Structure. North-Holland, 1976, 3 (4): 1 -360.

[168] Jidin, R., J. Y. Lun, and G. S. Monroe. The Effect of Auditors' Job Satisfaction on the Influence of Ethical Conflict Onauditors' Inventory Judgments. Working paper, UNSW Australia, 2014.

[169] Kang, M., J. W. Kim, H. Y. Lee, and M. G. Lee. Financial Statement Comparability and Audit Efficiency: Evidence from South Korea. Applied Economics, 2015, 47 (4): 358 -373.

[170] Kaplan, S. N. and L. Zingales. Do Investment-Cash Flow Sensitivities Provide Useful Measures of Financing Constraints?. Quarterly Journal of Economics, 1997, 112 (1): 169 -215.

[171] Kedia, S., and S. Rajgopal. Do the SEC's Enforcement Preferences Affect Corporate Misconduct?. Journal of Accounting & Economics, 2011, 51 (3): 259 -278.

[172] Kim, C., S. H. Jung, D. R. Kang, H. C. Kim, K. T. Moon, N. W. Hur, and I. Suh. Ambient Particulate Matter as a Risk Factor for Suicide. American Journal of Psychiatry, 2010 (167): 1100 -1107.

[173] Kim, J. B., L. Li, L. Y. Lu, and Y. Yu. Financial Statement Comparability and Expected Crash Risk. Journal of Accounting & Economics, 2016, 61 (2 -3): 294 -312.

[174] Kim, J. B. and B. C. Sohn. Real Earnings Management and Cost of Capital. Journal of Accounting & Public Policy, 2016, 32 (6): 518 -543.

[175] Knechel, W. R. and D. S. Sharma. Auditor-Provided Nonaudit Services and Audit Effectiveness and Efficiency: Evidence from Pre- and Post-SOX Audit Report Lags. Auditing: A Journal of Practice & Theory, 2012, 31 (4): 85 -114.

[176] Kothari, S. P., A. J. Leone, and C. E. Wasley. Performance matched discretionary accrual measures. Journal of Accounting & Economics, 2005, 39 (1): 163 -197.

[177] Kothari, S. P., K. Ramanna, and D. Skinner. Implications for GAAP from an Analysis of Positive Research in Accounting. Journal of Accounting and Economics, 2010, 50 (2 -3): 246 -286.

[178] Kuo, N. T., and C. F. Lee. Investor Legal Protection, Capitalized Development Costs, and Audit Fees: A Cross-country Analysis. Journal of International Financial Management & Accounting, 2018 (29): 57 -82.

[179] Lang, M. H., and R. J. Lundholm. Corporate Disclosure Policy and Analyst Behavior. The Accounting Review, 1996 (71): 467 -492.

[180] Lepori, G. M. Air pollution and stock returns: Evidence from a natural experiment. Journal of Empirical Finance, 2016, 35 (1): 25 -42.

[181] Li, Y. and L. Zhang. Short Selling Pressure, Stock Price Behavior, and Management Forecast Precision: Evidence from a Natural Experiment. Journal of Accounting Research, 2015, 53 (1): 79 -117.

[182] Li L, Qi B, Tian G, et al.. The Contagion Effect of Low-Quality Audits at the Level of Individual Auditors. Accounting Review, 2017, 92 (1): 137 -163.

[183] Li, S. Does mandatory adoption of International Financial Reporting Standards in the European Union reduce the cost of equity cap-

ital?. The Accounting Review, 2010 (85): 607 -636.

[184] Lu, J. G., J. J. Lee, F. Gino, et al.. Polluted Morality: Air Pollution Predicts Criminal Activity and Unethical Behavior. Psychological Science, 2018, 29 (3): 340 -355.

[185] Malloy, C. J. The Geography of Equity Analysis. Journal of Finance, 2005, 60 (2): 719 -755.

[186] Morris W. M. Some Thoughts about Mood and Its Regulation. Psychological Inquiry, 2000, 11 (3): 200 -202.

[187] Munsif, V., K. R. Dasaratha, and V. Rama. Internal Control Reporting and Audit Report Lags: Further Evidence. Auditing: A Journal of Practice & Theory, 2012, 31 (3): 203 -218.

[188] Noonan, D. S. Smoggy with a Chance of Altruism: The Effects of Ozone Alerts on Outdoor Recreation and Driving in Atlanta. Policy Studies Journal, 2014, 42 (1): 122 -145.

[189] Nusbaum, E. E. Top 10 Wish List for Audit Research. Current Issues in Auditing, 2007 (1): 3 -9.

[190] Nygren, T. E., A. M. Isen, P. J. Taylor, and J. Dulin. The Influence of Positive Affect on the Decision Rule in Risk Situations: Focus on Outcome (and Especially Avoidance of Loss) rather than Probability. Organizational Behavior and Human Decision Processes, 1996, 66 (1): 59 -72.

[191] O'Brien, P. C. and H. Tan. Geographic Proximity and Analyst Coverage Decisions: Evidence from IPOs. Journal of Accounting & Economics, 2015, 59 (1): 41 -59.

[192] Peng, L., and W. Xiong. Investor Attention, Overconfidence and Category Learning. Journal of Financial Economics, 2006, 80 (3): 563 -602.

[193] Pizzini, M., S. Lin, and D. E. Ziegenfuss. The Impact of

Internal Audit Function Quality and Contribution on Audit Delay. Auditing: A Journal of Practice & Theory, 2015, 34 (1): 25 -58.

[194] Rapoport, M. BDO USA Chief Looks to Grow Through Deals. Wall Street Journal, March, 2014.

[195] Rotton, J. Affective and Cognitive Consequences of Malodorous Pollution. Basic and Applied Social Psychology, 1983, 4 (2): 171 -191.

[196] Schwarz, N., and G. L. Clore. Mood, Misattribution, and Judgments of Well-Being: Informative and Directive Functions of Affective States. Journal of Personality and Social Psychology, 1983, 45 (3): 513 -523.

[197] Serfling, M. Firing Costs and Capital Structure Decisions. The Journal of Finance, 2016, 71 (5): 2239 -2286.

[198] Shleifer, A. and R. W. Vishny. A Survey of Corporate Governance. Journal of Finance, 1997, 52 (2): 737 -783.

[199] Singer, Z., and J. Zhang. Auditor Tenure and the Timeliness of Misstatement Discovery. The Accounting Review, 2018, 93 (2): 315 -338.

[200] Szulanski G., D. Ringov, and R. J. Jensen. Overcoming Stickiness: How the Timing of Knowledge Transfer Methods Affects Transfer Difficulty. Organization Science, 2016, 27 (2): 304 -322.

[201] Vera-Munoz, S., J. Ho, and C. Chow. Enhancing Knowledge Sharing in Public Accounting Firms. Accounting Horizons, 2006, 20 (2): 133 -155.

[202] Wang, Q., T. J. Wong, and L. Xia. State Ownership, the Institutional Environment, and Auditor Choice: Evidence from China. Journal of Accounting & Economics, 2008, 46 (1): 112 -134.

[203] Wang, Y., C. R. Chen, and Y. S. Huang. Economic Poli-

cy Uncertainty and Corporate Investment: Evidence from China. Pacific-Basin Finance Journal, 2014 (26): 227 -243.

[204] Weisner, M. and S. G. Sutton. When the World Isn't Always Flat: The Impact of Psychological Distance on Auditors' Reliance on Specialists. International Journal of Accounting Information Systems, 2015 (16): 23 -41.

[205] Welsch, H. Environment and happiness: Valuation of air pollution using life satisfaction data. Ecological Economics, 2006, 58 (4): 801 -813.

[206] Weuve, J., R. C. Puett, J. Schwartz, J. D. Yanosky, F. Laden, and F. Grodstein. Exposure to Particulate Air Pollution and Cognitive Decline in Older Women. Archives of Internal Medicine, 2012, 172 (3): 219 -227.

[207] Yackerson, N. S., A. Zilberman, D. Todder, and Z. Kaplan. The Influence of Air-Suspended Particulate Concentration on the Incidence of Suicide Attempts and Exacerbation of Schizophrenia. International Journal of Biometeorology, 2014, 58 (1): 61 -67.

[208] Ye, F. T., S. Xue, and Y. Chen. Does Financial Reporting Comparability Improve after Accounting Firm Mergers? Evidence from Chinese Listed Companies. China Journal of Accounting Studies, 2016, 4 (4): 475 -493.

[209] Zerni, M. Audit Partner Specialization and Audit Fees: Some Evidence from Sweden. Contemporary Accounting Research, 2012, 29 (1): 312 -340.

[210] Zhang, X., X. Zhang, and X. Chen. Happiness in the Air: How Does a Dirty Sky Affect Mental Health and Subjective Well-Being?. Journal of Environmental Economics and Management, 2017 (85): 81 -94.

后　记

这是我的第三本专著，也是我入职内蒙古大学之后主要研究成果的总结。因此，我要首先感谢内蒙古大学的各位领导和同事，感谢他们对我的理解和支持。

感谢我的研究生。虽然他们在科研方面都是新手，但有着强烈的求知欲望以及不怕挫折的韧性，有望在科研之路走得更远。在此，祝即将攻读博士研究生的吕佳宁能够在博导的指导下更上一层楼；祝有志于攻读博士的翟小芳能够顺利毕业，找到理想的学校继续深造；祝包彦和冯泽鑫尽快发表人生第一篇高质量的论文。

感谢我的家人。虽然我在家的时间多于在学校的时间，但总是把工作带回家，甚至是完全把家里当办公室。他们都忍了，而且尽可能地给我创造安静的工作环境。

最后，但是最重要的，感谢我们的祖国。“新冠”疫情初期，我也恐慌过，尤其是想起 SARS 期间在北京的生活，更具“草木皆兵”的感觉。但是，看到全国各地驰援武汉，看到雷神山、火神山医院迅速建起，尤其在看到方舱医院陆续收治病人之后，我的恐慌渐渐消失。海外疫情暴发之后，各国政府应对疫情的态度和速度让我意识到，中国政府的应对已然是世界上最好的应对。感谢祖国强力地应对如此狡猾的病毒，让我们慢慢恢复正常的生活。因为有这种强大的支持，我才能够安心地坐在家里完成预定的教学和科研工作，尤其是完成本书的编写。套用一句网络流行语，“此生无悔入华夏，来世还生中华家”。

宋云玲

2020 年夏